MÉXICO,

CADA DÍA MÁS LEJOS DE DIOS Y MÁS CERCA DE ESTADOS UNIDOS

ALEJANDRO MORALESMORA

MÉXICO,
CADA DÍA MÁS LEJOS
DE DIOS
Y MÁS CERCA DE
ESTADOS UNIDOS

ALEJANDRO MORALESMORA

ola
PUBLISHING
INTERNACIONAL

ola
PUBLISHING
INTERNACIONAL

Emerson 148, #602 Polanco,
Ciudad de México, México 11560
México: 55-5250-8519
www.holapublishing.com

Impreso y encuadernado en los Estados Unidos de América

A mis hijos Ana y Emilio.

A mi esposa Patricia.

ÍNDICE

SPANISH

Camino de lo que hoy es la Calzada de Tlalpan, por el rumbo del entonces vivo, Río de Churubusco, en la Ciudad de México, allá por el año de 1947. Pocos eran capaces de manejar un tráiler "Moreland", Modelo 1938, "Quinta Rueda", unido a un enorme remolque cargado de neumáticos de desecho. Aquéllos se utilizaban para Calderas de Laboratorios instalados en la zona; se exportaban a Estados Unidos como combustible de emergencia desde tiempos de la Segunda Guerra Mundial, o en las papeleras de Peña Pobre y Loreto, por allá por Cuicuilco —frente a lo que hoy se conoce como la Villa Olímpica, que alojó a los atletas de la Olimpiada de 1968—. Era la postguerra en la Ciudad de México. El nivel de vida era una mezcla de colonias de clase media, bien trazadas a la usanza porfiriana y afrancesada, estilo parisino. Lucían las glorietas y diagonales amplias, lo mismo que las jardineras y árboles de sus camellones, tal como agradaban tanto a doña Carmen Romero Rubio, célebre y culta esposa de don Porfirio. El centro de la ciudad quedó así dividido en "cuadras" separadas por calles que llevaban el trazo de la Gran Tenochtitlan, el islote con cuadrantes bien definidos en la "región más transparente del mundo", nombrada así por Alexander Von Humboldt en 1804, al conocer la Ciudad de México rodeada de volcanes y montañas.

Así que, al triunfo de la Revolución, y ya en pleno lenguaje de ruptura con el derrocado porfirismo y su estilo parisino urbano, los encargados del proyecto constructivo expansionista de la urbe fueron guiados acaso por la antigua tradición de algunos intelectuales emanados de la Revolución; en particular, por la corriente encabezada por pintores y muralistas influenciados por el socialismo soviético, desde Rivera y Siqueiros, hasta Juan O`Gorman. El trazo de la ciudad volvió a los cuadrantes con algunas continuaciones diagonales de avenidas que la cruzan y que, posteriormente, en los años 50 —con el auge del automóvil y el modernismo inducido por los presidentes civilistas y alineados a las políticas de Norteamérica— se trazaron grandes avenidas principales y secundarias, hasta llegar a las dimensiones de la actual metrópoli. Fue en aquel entonces que esa parte de Taxqueña, al sur de la ciudad de México, asomaba el trazo de amplios cuadrantes reservados para la industria pequeña y de producción para consumo urbano.

El operador de aquel inmenso tráiler buscaba su ruta a través de los reducidos y mal diseñados vidrios del parabrisas. Era un vehículo con remolque y una plataforma sostenida en ruedas de 1.5 metros de altura. El frenado era independiente, manual de la caja, y, del tracto camión, el pedal, sin "clutch". Los cambios de velocidad se podían hacer solamente al sincronizar determinado nivel de revoluciones del motor para que "entrara" el mecanismo de palanca de cambios.

La zona de Loreto y Peña Pobre es hoy en día, en 2019, uno de los corporativos de Carlos Slim Helú, el magnate mexicano emergido de la compra-venta de Teléfonos de México, otra empresa con capital mixto mayoritario del gobierno, que adquirió previo las concesiones para instalar la red celular. Esto lo convirtió para el fin de milenio en el millonario número uno del país y, posteriormente, del mundo. Una de sus propiedades constituye el complejo de las exfábricas papeleras de Loreto y Peña Pobre, preservado por su arquitectura de estilo porfirista industrial, art déco, en los últimos años, fue convertido en uno de los corporativos del exzapatero del centro de la Ciudad de México, de origen libanés y heredero —como muchos de su origen— de terrenos y propiedades del rico centro histórico de la Ciudad de México.

La alimentación de agua para la elaboración de celulosa en aquellas fábricas provenía del Río Magdalena, donde también se implantaron las primeras fuentes de alimentación eléctrica, industrial y doméstica, para pequeñas colonias construidas para las familias de los trabajadores en La Hormiga, Loreto y Peña Pobre, frente a la Villa Olímpica. Los llamados dinamos se movían gracias al torrente de agua de dicho río, actualmente uno de los pocos Parques Nacionales de la Ciudad de México donde dicho raudal prevalece. Estos espacios fueron los primeros generadores de electricidad para la ciudad a principios del siglo pasado.

Con respecto a Carmen Romero Rubio, ella fue literalmente sembrada y casada desde muy joven por su padre, don Rubén Romero Rubio, según revelaron después las notas que ella enviaba a su padrino, el expresidente Manuel González. Ella le manifestaba su sufrimiento diciéndole que no soportaba al viejo, pero consideraba a su padre, por lo que asumía el sacrificio. Su padre era quien realmente gestionaba el ámbito administrativo del gobierno, mientras el anciano presidente paseaba con su esposa por París, Madrid y otras ciudades europeas. Dichos viajes llevaron al senil personaje a vestir a su Guardia Militar al estilo de las tropas prusianas y a marchar a "paso de ganso", como se lo enseñó la culta aristócrata en giras por Europa. Así, el "linaje Rubio"[1], como el de otras familias poseedoras de grandes terrenos y propiedades en tiempos de don Porfirio, dejaron huella hasta la fecha en las colonias que llevan sus nombres: los Polanco, Verónica Anzures, Escandón, Roma, Condesa y hasta la nueva Santa María en Azcapotzalco, nombradas así por los apellidos de los propietarios de las anteriores fincas. Lo mismo ocurre actualmente con la exhacienda de los Morales, por ejemplo, junto a la de los Polanco o El Rosario, hacienda lechera de donde surgió el líder eterno del sindicalismo mexicano, quien sólo abandonó su puesto con los pies por delante, Fidel Velázquez Sánchez. Él repartía el lácteo desde Azcapotzalco hasta Villa del Carbón, Estado de México: ¡en bicicleta!

Pendiente de las maniobras, el operador —nuestro camionero— aún sin poder atender a la vez el manejar y encontrar un letrero que indicara "Laboratorios" antes del acceso en una de las todavía no pavimentadas cuadras, se detuvo después de dar dos vueltas. En ese momento, preguntó a sus ayudantes cargadores, montados en lo alto de los neumáticos:

—¿Quién de ustedes sabe leer?

Ese a quien apodaban "el Pardo" porque siempre se encontraba como polveado de cal sobre su morena piel tostada de asolearse respondió:

—Yo.

—Me avisas a donde esté un letrero que diga "Laboratorios" —dijo el camionero.

—¡Sí! —contestó "el Pardo".

---

[1] Heredada toda su descendencia, los Rubio, persisten por décadas en el Jet-Set nacional.

Tras la cuarta ocasión que el camionero había girado la cuadra, luego de las constantes maniobras que le demandaba la operación de la pesada unidad, decidió, además, poner atención —a través de los polvorientos cristales— hasta descubrir el enorme letrero que rezaba "Laboratorios", lo que le hizo detener el vehículo.

—¡Pendejo! ¿Por qué no me avisas? ¿Cuántas veces pasamos por aquí? ¿Qué dice ahí?

El "Pardo" deletreó:

—La-bo-rato...Rí-os...

AVISO, A MANERA DE PRÓLOGO

Sabrán ustedes, por relatos aquí presentados, del acontecer social mediante personajes conocidos, unos populares, algunas celebridades y otros cercanos al autor. Todas son personas reales que describen la transición de los más diversos comportamientos sociales y que han derivado en una nueva forma urbana de ser mexicano, diferente a la que anteriormente se había forjado en esta nación. Los protagonistas del acontecer del mexicano desde tiempos anteriores hasta lo más actual han dado como resultado a esos actores del nuevo milenio en este país.

Aclaro que no se trata de un estudio sociológico que pretenda demostrar las causas de la ruptura generacional mexicana contemporánea con paradigmas sociales, tales como la irrupción de la comunicación *hipermasiva*; es decir, mediante la revolución de la Internet; o bien, frente al ambiente político e ideológico de la posguerra fría. En este último paradigma prima la toma de partido, sea por izquierdas o derechas —que han quedado superadas por la nueva generación de mexicanos—. Éstas irrumpen en la escena e influyen por medio de los modernos y revolucionarios esquemas de comunicación *social media*, que transforman de tajo la comunicación y sus procesos en el desarrollo de una nueva sociedad, la cual ha logrado cambios que en otras circunstancias habrían sido producto de conflictos armados o guerras civiles, como fueron aquellos sucesos posteriores al derrumbe de las dictaduras del norte de África —después de la retirada de la influencia europea en la zona—, de la Cuba de Batista o de la Nicaragua de Somoza, sólo por citar algunos cambios regionales destacados.

El devenir histórico también demuestra que cada sociedad ha respondido de distintas formas a la eterna confrontación con sus Estados dominantes y a la transformación del ser nacional que genera al nuevo ser humano, luego de las confrontaciones ideológicas de la posguerra como la Guerra Fría y el colonialismo. El linaje histórico y su realidad se modifican en el contexto del nuevo reparto del mundo, donde se ha impuesto el dominio del mercado por encima de aquella transformación sugerida por la teoría revolucionaria marxista, que hace referencia a una nueva sociedad mediante la instauración del socialismo y sus derivados. Se pensaba en el surgimiento de un *hombre nuevo* a partir de la revolución fidelista y guevarista.

No obstante, en el mundo subyace un conflicto mundial no resuelto que amenaza el nuevo traslado a Occidente del imperio dominante en el mundo, luego de pertenecer invariablemente a Estados monárquicos europeos que dieron origen a repúblicas independientes en América —producto de la ilustración y modelos generados en Europa—; es decir, las Cruzadas.

La guerra religiosa no resuelta entre diferentes formas de reivindicar la justicia social y territorial entre cristianos y musulmanes —que por su parte representan una mayoría de población a nivel mundial—, aún deja sentir sus efectos. Estos últimos han sido de diversidad tan numerosa y se asocian con aquellos fuertes índices de pobreza que la doctrina religiosa ha transformado en legiones de combatientes, convocados por la diferencia religiosa con Occidente. La situación mantiene a México como país católico alineado por esa calificación y vecindad al gran imperio dominante de los Estados Unidos de Norteamérica y a la colonia anglofrancesa de Canadá, alineados todos ellos al reinado de Isabel II de Inglaterra.

La sociedad novohispana y el surgimiento de lo nacional

Más allá del origen y costumbres españolas predominantes en la nación mexicana —esencia del modelo de sociedad mexicana urbana—, se ha heredado no sólo el idioma, sino las costumbres religiosas, sociales y hasta culinarias[2], además de la música. Posteriormente, gracias a la televisión, las clases medias asimilaron un modelo de sociedad americanizada y españolizada, en una extraña mezcla, muy lejos de las costumbres indigenistas que abundan en localidades predesarrolladas en el interior de país, dentro del gran mosaico de la cultura mexicana regional. El mundo indígena queda semiaislado, abandonado a su suerte en muchas regiones, y relegado como parte de un pasado; para algunos, ominoso, arcaico y

[2] La "pancita", por ejemplo, es en realidad "Cayos a la Madrileña".

negado reiteradamente por el habitante de las urbes, que va sintiendo mayor cercanía con los Estados Unidos, cuyas costumbres, modas y estilos resultan aspiracionales para el habitante de las grandes ciudades urbanizadas, los polos de desarrollo: Guadalajara, Monterrey y el Distrito Federal.[3]

Estas consideraciones y la realidad social del ser urbano apegado a la participación social derivada de las nuevas redes de comunicación, ha producido en México a un ser más desinhibido. Dicha cualidad contrasta con las anteriores manifestaciones emanadas de esquemas de educación familiar en las que el individuo aprendía a callar, alejarse, obedecer y sólo responder "Mande usted", derivado del colonial: "Mande usted, su merced". Dichos modos de convivencia se suman al hablar de usted a personas mayores y ancianos, o besar la mano del padrino o abuelo, reminiscencias de un pasado de sumisión y obediencia, ambas actitudes reforzadas por el catolicismo y la tradición.

Ante el triunfo republicano nacional que renegó de la monarquía española en 1936, el estallido anarquista socialista —que se vive con intensidad en las regiones de Cataluña y Vasconia, territorios hasta entrada la década de los 90 siempre con guardado espíritu separatista del imperio español— provocó la irrupción de la dictadura de corte fascista de Francisco Franco, aliado a Hitler y Mussolini, que primero derrotó a los republicanos españoles en su corta victoria electoral y, posteriormente,

---

[3] José Emilio Pacheco hace un retrato de esta transición y agringamiento de las clases medias urbanas en la Ciudad de México a través de su novela Las batallas en el desierto.

reprimió y expulsó a grandes científicos, artistas, filósofos, maestros, la cúpula y crema innata del republicanismo español, que fue arropado en México por el presidente Lázaro Cárdenas, enriqueciendo así y para siempre lo mejor del espíritu liberal republicano de origen español en dicho país, particularmente, en la Universidad Nacional Autónoma de México (UNAM), donde la presencia de ese legado —que tal vez hacia falta a la raza mexicano hispano-americana— llegó para trastocar en definitiva la fusión de las naciones hispanas. La formación de profesionales con cargo al Estado y los contribuyentes fue, en adelante, uno de los ejes fundamentales en el predominio hasta hoy del espíritu republicano de la excolonia española que, no obstante, no renuncia a la cultura originada en la península ibérica.

En los años sesenta estallaron distintos movimientos reivindicativos en las ciudades, más como influencia de la televisión y la prensa estadounidense, difundida masivamente en México por un concesionario de TV: Emilio Azcárraga Vidaurreta, dueño de mueblerías que comenzó con la venta masiva de aparatos de radio. En los años 40, la época del alemanismo, Azcárraga colocó sus intereses familiares, asociado con españoles comerciantes —muebleros en principio—, induciendo en la sociedad el consumo de los aparatos; primero, radiofónicos y, luego, la televisión, asociados con la construcción de los estudios de la radio y, posteriormente, televisivos. Esto fue posible mediante la adquisición y construcción de la infraestructura necesaria para la transmisión de ondas hertzianas por antenas y transmisores, en un inicio, en las ciudades más importantes y, más adelante, dentro de todo el territorio nacional.

Así, la empresa logró posicionarse en pocos años como aquella que no sólo creció por la venta de electrodomésticos —como fue el caso de Azcárraga Vidaurreta— sino también por convertirse en un pilar del poder político e ideológico, en tanto que la XEW se convertiría en la "voz de América Latina desde México". Dicha autoatribución revelaba el poder de los medios en un país en el que la radio y la televisión sustituirían virtualmente a la propia Secretaría de Educación Pública (SEP) como ente educativo de las masas.

El modelo de desarrollo hispano y norteamericano de la cultura en México tuvo gran influencia de productores españoles de TV como Neftalí López Páez, principalmente, mediante programas de variedades copiados totalmente de la televisión española, hasta entrada la era de apogeo del franquismo en el país ibérico. También influyeron las caricaturas y entretenimiento para la infancia vía Warner Brothers y Disney, gigantes de la producción cinematográfica y televisiva cuyas series y películas promovían la cultura occidental inducida desde Europa y EUA.

Dichos contenidos invadían los hogares urbanos, logrando lo que quizá sea uno de los objetivos del imperio dominante de Estados Unidos sobre México: extinguir hacía el final de la década de los 80 a los grupos juveniles de inspiración reivindicativa revolucionaria, derivados de las revoluciones marxistas en Cuba, Nicaragua y El Salvador; o anteriores, tales como el caso venezolano, cuyas expresiones guerrilleras en toda Latinoamérica —entre las décadas de los 60 y 70— buscaban la justicia social con el derrocamiento del modelo abusivo de castas privilegiadas. Luchaban por todo aquello donde no alcanzaba ni llegaba la justicia social a las clases populares, ese amplio sector explotado y generador de la riqueza de las clases posee-doras de bienes de industria y comercio.

Estos movimientos dieron pie e inspiración a la cita marxista y guevarista, según la cual sólo con las armas un ejército del pueblo puede derrotar a las fuerzas armadas represivas que protegen el modelo capitalista, impuesto por el neocolonialismo imperialista y su modelo democrático burgués, el cual a la postre, e inevitablemente, resultará predominante, hegemónico y vencedor.

Los medios contribuyen a difundir estos modelos culturales que acaban por extinguir la idea de buscar la justicia social en el país de origen, para entonces migrar en dirección a la metrópoli, como era en el mundo antiguo, hacia la antigua Roma imperial, esta vez, convertida en "tierra y paraíso prometidos". Esta ha sido la historia reciente frente al gran imperio estadounidense, hecho, fundado e invadido de mexicanos de origen. Ahora, ellos forman una gran nación binacional que, a su vez, conserva en gran medida una cultura común, desde el Río Bravo hasta la Patagonia[4].

Ya el maestro Gabriel Careaga había planteado el surgimiento de esta nueva clase[5] media, tanto en la Ciudad de

---

[4] En Estados Unidos, poco se diferencia entre mexicanos y el resto de latinoamericanos. Se les da la denominación genérica: hispanos.

[5] Careaga, Gabriel, Mitos y fantasía de la clase media en México, 1976.

México como en grandes urbes de occidente (Guadalajara) y nororiente (Monterrey), con las particularidades de desenvolvimiento propio de las localidades, como reflejo de la urbanización y modernidad que influyeron en el pensamiento del ser moderno.

Pero nadie mejor para definir el referente de la Ciudad de México, cuna de grandes movimientos nacionales de la República Mexicana, con gran influencia en forma de eco hacia el resto del país, como Carlos Fuentes, quien en *La región más transparente* refiere un complejo definitorio al que no restan mejores descripciones acerca de la conformación de la ciudad capital de México y el sentimiento de mexicanismo que emana de su descripción. Estos hechos y retratos narrados también hacen alusión a una etapa de censura institucionalizada en aquel México donde todo estaba prohibido; desde la película *La sombra del caudillo*, hasta la música rock en inglés proveniente de la cultura anglosajona, dadas las "revolucionarías letras" de los rebeldes ingleses y estadounidenses, y sus excesos.

Principalmente, durante las décadas de los 60 y 70, el festival de música en Avándaro, Valle de Bravo —festival copiado del de Woodstock, Nueva York— escandalizó a la sociedad mexicana. En esos momentos, reaccionaron las "buenas conciencias" nacionales por el miedo al contagio cultural que "contaminaría" a una, todavía, sociedad mojigata, conservadora, propia del ambiente reforzado por el *diazordacismo* y el *echeverriato*. Aunque poco entendieran los ciudadanos del idioma inglés y fueran guiados más por lo atractivo de la música y los ritmos novedosos, el pop en inglés sonaba agradable, novedoso e indujo a muchos a comprender aquel idioma. Por lo tanto, también comenzaron a entender que las canciones de los Beatles; The Who o los Rolling Stones no eran canciones dulces, simplonas o inocuas, sino que llamaban a la rebelión de la conciencia y la acción.

Para junio del año de 1987, un concierto de rock del artista pop de la contracultura inglesa David Bowie, fue lo que desató la inquietud de separar los mundos emergentes de la llamada Guerra Fría, desatada al final de la Segunda Guerra Mundial y que había dividido a las naciones entre el bloque de países socialistas —dominados por el imperio soviético, forjado por Josef Stalin, como botín de triunfo en la contienda armada en Europa del Este— y la Europa capitalista, justo en la línea imaginaria trazada como cicatriz en Berlín, ciudad capital de la antigua Alemania derrotada, que se mantenía compartida en un distrito cercado por los socialistas alemanes y soviéticos, que era salvado por las potencias del Oeste: Estados Unidos, Francia e Inglaterra, como ejemplo del modelo ideal del capitalismo. Mercado, luminarias, libertad justo atrás y dentro de un muro, tras la emblemática Puerta de Brandeburgo, en esa ciudad con condominios de un lado y vehículos generalmente escasos de una sola marca, el Trabant. Fue comparada con la reconstruida capital del antiguo centro cosmopolita que reinó en esa ciudad hasta los años treinta del siglo pasado, abundante y festiva.

El escenario de Bowie se instaló justo detrás del Muro de Berlín, los habitantes de la ciudad socialista que rodeaba el Muro lo sabían y, poco a poco, desde tempranas horas, se fueron asentando en el jardín público que se encuentra tras la Puerta de Brandeburgo —representativa de la ciudad—. Llegó a acumular una multitud de casi cinco mil personas que, una vez iniciado el concierto, corearon las canciones del artista británico, quien los escuchó y mandó un saludo a "...todos los que están detrás del muro..".

La policía intervino en un régimen que prohibía concentraciones populares sin permiso y, al grito de: "¡Déjennos salir cerdos...!", el concierto derivó en una revuelta que dio origen a ese proceso que, al cabo de dos años, terminó por derribar el Muro y, uno a uno, los países que habían estado bajo el dominio soviético fueron liberados a sus propias fuerzas políticas internas, para retomar sus límites anteriores, con el país que hoy se concentra en Rusia, y una guerra en los países balcánicos de la antigua Federación Yugoslava, antes unificada por el líder consensuado Josif Tito, quien hasta su muerte desató las peores divisiones por identidad en esa región.

También se dio la desaparición pacífica de Checoslovaquia hasta sus antiguas fronteras y separaciones casi feudales, en una casi interminable convulsión separatista europea.

Surgió entonces la Comunidad Europea.

El paso de los gobiernos revolucionarios a civiles en México

En 1917, un exgobernador de Porfirio Díaz en Coahuila, Venustiano Carranza, logró pacificar y reunir a todas las facciones confrontadas después de la lucha armada desatada, primero, por el llamado de Francisco I. Madero, contra la enésima reelección de Porfirio Díaz y, después, por su muerte, resultado de un golpe de Estado fraguado por los antiguos aliados militares del porfirismo.

No obstante, luego del consenso celebrado en Querétaro —de donde surgió como presidente el organizador del Constituyente, Venustiano— la postergación de viejas demandas de corte agrario provocaron que, en menos de 20 meses, se volvieran a levantar; en el sur, el general Emiliano Zapata y, en el norte, Francisco "Pancho" Villa.

Un mecánico de maquinaria agraria y propietario agrarista de Sonora, Álvaro Obregón, combatiente y organizador en la revuelta que terminó por derrocar a los golpistas, asumió el control general de los mandos militares y fue designado para combatir a Francisco Villa, enfrentándolo en Celaya, Guanajuato, donde perdió un brazo por el estallido de un obús.

Mientras, al general Zapata le tendieron una trampa al fingirle un coronel del ejército de apellido Guajardo, que, supuestamente, rindió su tropa al zapatismo, inconforme. Emiliano acudió a la cita acordada en la hacienda de Chinameca, estado de Morelos, donde fue acribillado. Obregón, a su vez, logró pacificar a Villa a cambio de tierras y pensión en Parral, Chihuahua. Mas tarde, fue acribillado cuando ya se dedicaba a su vida como civil.

Dueño de la pacificación del país, Carranza logró un acuerdo para evitar la tercera invasión del ejército estadounidense a México, luego de un conflicto con trabajadores mexicanos de los campos petroleros en Tamaulipas y Veracruz. Este suceso realmente escondía la ambición del vecino del norte por, de una vez, anexar esos dos territorios, ricos en hidrocarburos. Carranza dio garantías a compañías petroleras estadounidenses e inglesas que, además, se encontraban bajo amenaza por el conflicto de la guerra mundial que estalló en Europa.

Tal vez, este evento fortuito, seguido de la ejecución del segundo presidente mexicano, surgido de las instituciones por parte del mismo Álvaro Obregón al eliminar a su rival político Carranza, causaron mas adelante, ya no la invasión armada e intervencionista de los Estados Unidos en México, pero sí, una nueva estrategia neocolonialista consensuada, que selló hasta ahora el sometimiento de la nación mexicana al vecino imperial.

Al presentarse la sucesión de Venustiano Carranza, y saber el general Álvaro Obregón que la simpatía sucesoria del presidente constitucionalista no estaba con él, se reveló al mando presidencial, emprendiendo el Plan de Agua Prieta, su ciudad natal, con el general Adolfo de la Huerta como candidato sustituto de Carranza.

Mermada su influencia con los mandos militares, Carranza emprendió la huida de la Ciudad de México, ante la amenaza de Obregón de "renuncia o muerte". Obregón contó con la lealtad de mandos militares que no dudaron en apoyarlo por el país, y emprendieron la persecución de Carranza, quien decidió llevar en una caravana los fondos de las arcas nacionales con rumbo al puerto de Veracruz y establecer ahí la capital provisional.

Finalmente, el presidente fue literalmente cazado en el poblado de Tlaxcalantongo, donde se disponía a descansar en un alto del camino.

Triunfante, Obregón entró a la Ciudad de México, y el Congreso, sometido ante la fuerza de las armas, nombró a De la Huerta como presidente sustituto; mientras, se convocó a elección general con la participación del candidato del presidente asesinado contra el general triunfador, Álvaro Obregón.

Después del muy anunciado y forzado triunfo del general revolucionario, Estados Unidos se negó a reconocer la legitimidad de su gobierno, con lo que aisló a México y amenazó nuevamente con imponer reglas de legalidad en la sometida nación azteca.

Una astuta maniobra de Obregón hizo que México quedara, por la ambición de poder de un general: sometida, maniatada, dependiente y solidaria con la potencia del norte. Esto se materializó a partir de un gran acuerdo binacional denominado: Tratados de Bucareli.

Las naciones firmantes establecieron lazos inquebrantables en materia de armamento y tecnología para el desarrollo de ambas como una sola. Estados Unidos respondió armando y entrenando a un grupo de oficiales y militares para supervisar y coadyuvar en la formación de un ejército profesional. México, a cambio, renunció al desarrollo de tecnologías propias, no sólo para el armamento, sino para su propio desenvolvimiento como nación independiente, la cual fue tutelada desde entonces por esa potencia.

Esta enésima intervención estadounidense en México selló también, al final, el lazo binacional visto y vivido hasta ahora.

Obregón intentó manipular su sucesión a través de un presidente leal y que le permitiera, incluso, continuar su legado, a pesar del lema revolucionario de "No reelección". Quien al final asumió no el papel de la reelección, pero sí el de la gran designación, fue el sucesor de Obregón, Plutarco Elías Calles, de cuya estirpe, quizá, hasta hoy, experimentamos su influencia.

Elías Calles, profesor rural, también de Sonora, heredó de Obregón un conflicto abanderado por el arraigado catolicismo mexicano, al cual respondió el gobierno con la fuerza de las armas, llegando hasta a prohibir la celebración de ceremonias religiosas catalogadas como sediciosas. Al asumir, Plutarco logró mediar y pacificar parcialmente al movimiento armado, pero la reelección de Obregón, mas por el control de la mano de obra de trabajadores urbanos ante la industrialización y adopción del modelo de desarrollo de la potencia vecina, que les agrupaba por centrales obreras manipuladoras de la voluntad popular, habrá de ser detenida por un incidente que terminó por favorecer a quien, desde ese momento, y ante la ausencia de un presidente que ya había sido electo, asumió de forma paternalista los designios de conducción del país.

Mientras celebraba su triunfo electoral en un restaurante de la zona entonces campestre del sur de la Ciudad de México, San Ángel; Obregón departía con simpatizantes suyos en el restaurante denominado "La Bombilla", cuando un caricaturista se acercó al general electo para mostrarle su dibujo, al tiempo que descargaba certeros disparos que le cegaron la vida.

El incidente fue adjudicado al fanatismo católico controlado por una monja conocida como la "Madre Conchita", quien habría enviado al sicario con la bendita consigna de eliminar *"a un enemigo de Dios", mientras que, de milagro, bendecía al entonces presidente, quien con el incidente quedó como el absoluto vencedor y beneficiario del crimen.*

En el aspecto histórico-político, una ruptura en esa especie de "linaje", erigido en gobierno después de la guerra civil —que derribó al *porfiriato* y también había dado origen al entronizamiento de Plutarco Elías Calles como "Jefe Máximo" de aquella "revolución interrumpida" (bautizada así por el maestro, Adolfo Gilly) a finales de la década de los 30—, desembocó en el distanciamiento de las familias revolucionarias, cuando Lázaro Cárdenas arrebató el poder y sometió las sublevaciones callistas que pretendían menguar la capacidad de decisión del nuevo presidente, por encima del llamado "Jefe Máximo" de la Revolución Mexicana.

Plutarco Elías Calles, el padre fundador del partido de Estado, habría impuesto en la presidencia hasta a Abelardo L. Rodríguez, exgobernador de Baja California que fundó el imperio "caliente" en Tijuana[6], cuando los mafiosos y sus administradores recurrían al lavado de dinero y tráfico de alcohol por medio de los casinos e hipódromos, en los dorados años 20. En ese entonces, la prohibición estadounidense les impedía practicar sus negocios en territorio de su país de origen; entonces, Elías Calles ya había "apadrinado" a Emilio Portes Gil y, después, a Pascual Ortiz Rubio, ¿otro Rubio de los Romero Rubio? A quien después presionó para renunciar y sucedió el célebre Abelardo.

[6] Hoy propiedad de Jorge Hank Rhon, por obsequio de López Portillo a su padre Carlos Hank González, el "maestro".

Llegada la sucesión de este último, eligió entre el grupo denominado eufemísticamente como "CACA", conformado por los generales de apellido: Cedillo, Almazán, Cárdenas y Amaro, de los cuales el "Jefe Máximo" seleccionó a Lázaro Cárdenas del Río, fiel y cercano colaborador que, en realidad, aconsejaba y escribía sus discursos, según relata Enrique Krauze en su *Biografía del poder*.

En adelante, y luego de la sucesión de Cárdenas por Manuel Ávila Camacho, los periodos presidenciales fueron extendidos de cuatro a seis años. El sucesor de este, su secretario de Gobernación Licenciado, Miguel Alemán Valdez, inicio la era de los gobiernos civiles en la máxima magistratura del país.

En el año de 1968, la oleada de rebeliones estudiantiles desde Europa hasta Sudamérica y la influencia de la Revolución Cubana y su Movimiento 26 de Julio —con las emblemáticas figuras de Ernesto "el Che" Guevara y Fidel Castro— incendiaron la Ciudad de México en el preludio de la mirada mundial por la celebración de la Olimpiada, que en teoría difundiría una imagen de modernidad, progreso y libertad en la nación mexicana.

La ya muy comentada y difundida revuelta en la capital del país, y la pausa obligada que resultó de la represión del Estado a través de la guerra sucia para exterminar a insurgentes, que no veían otra salida que la lucha armada y la guerra de guerrillas urbana y rural —desde aquella masacre en la Plaza de las Tres Culturas de Tlatelolco, en octubre de 1968— fueron los detonantes para una nueva generación de mexicanos que rechazaba el modelo paternalista y las restricciones del modelo surgido de la Revolución de 1910/1917. Dicho grupo estaba en contra de aquella convertida y reposicionada oligarquía reproducida, a la que Mario Vargas Llosa definió en septiembre de 1990 como la "Dictadura perfecta", a través del partido de Estado, el Partido Revolucionario Institucional (PRI).

En la década de los 80, uno de los descendientes de la fiel dinastía Garrido-Canabal, cercana al general Elías Calles, fue impuesto en la gubernatura de Chiapas en 1989 por Carlos Salinas de Gortari. Era citado entre cercanos con afecto por el presidente como "tío". Lo designó gobernador por Chiapas, Patrocinio González Garrido Abreu. Fue a quien "estalló" el conflicto chiapaneco del subcomandante Marcos en la madrugada del 31 de diciembre de 1994. Habría sido descendiente directo de uno de los comprometidos callistas que se sublevaron contra Cárdenas, "los Camisas Rojas" de Garrido Canabal, entonces, de Tabasco.

Paradójicamente, el día de las ceremonias de conmemoración luctuosa de ambos exmandatarios revolucionarios, Plutarco Elías Calles y Lázaro Cárdenas del Río, coincidieron en fecha. En pleno ejercicio del poder por parte de Carlos Salinas de Gortari, la fecha era conmemorada en la sede nacional del PRI, en Insurgentes Centro, el 19 de octubre, e ignoraba al expresidente Cárdenas.

Cuauhtémoc Cárdenas Solórzano hijo del General Lázaro Cárdenas, el que había terminado confrontado con su mentor político, Plutarco Elías Calles, que lo habría designado su sucesor, (tomaba) el Monumento a la Revolución, lugar a donde yacen ambos exmandatarios, el día del aniversario luctuoso de ambos generales presidentes.

De otra suerte, Carlos Salinas de Gortari, quien ha sido reiteradamente señalado como favorecido por Miguel de la Madrid, cuando habrían ordenado a Manuel Bartlett Díaz —en 1988 secretario de Gobernación— detener el anuncio de los resultados preliminares de la elección para presidente, contaba con el subsecretario Fernando Elías Calles. Mientras detuvieron el anuncio de resultados preliminares que favorecerían al hijo del general Cárdenas, Emilio Chuayffet operó en el Registro Nacional de Electores de entonces, la manipulación de los resultados.

Manuel Bartlett Díaz (¿también un Díaz?) salió finalmente al paso del retraso con su célebre frase: "Se nos cayó el sistema", en alusión a que una gran cantidad de información habría causado un colapso en los equipos de cómputo, pero la expresión fue referida desde entonces como la frase que define el inicio de lo que será el fin de la hegemonía priísta en el año 2000, con el paso libre de Ernesto Zedillo, al converso priísta y panista Vicente Fox Quesada.

Así fue que, con el devenir de esas disputas entre las élites políticas, Carlos Salinas, en el ejercicio de su mandato, acudió puntual a dejar ofrenda a la sede del PRI Nacional al general Plutarco Elías Calles, mientras, Cuauhtémoc Cárdenas, en el monumento a la Revolución, se hacía saber agraviado por lo que se ha señalado reiteradamente como fraude electoral, perpetrado por Miguel de la Madrid Hurtado en 1988 para imponer a su secretario de Programación y Presupuesto, Carlos Salinas de Gortari, quien ejercía una especial influencia sobre el presidente de la Madrid, de tal manera que éste lo ubicó en una Secretaría en el gabinete económico: la Secretaría de Programación y Presupuesto, creada por José López Portillo para la exnuera de Luis Echeverría Álvarez, Rosa Luz Alegría, quien se había casado con el hijo del expresidente, de nombre Rodolfo, a su vez fallecido en su alberca el año de 1983.

La poderosa Secretaría de Programación y Presupuesto, de Carlos Salinas de Gortari, supervisaba y mediaba entre el Ejecutivo y su Secretario de Hacienda, Jesús Silva Herzog.

Las clases que disputan el poder desde la ruptura del *callismo* con el cardenismo, trascienden hiperbólicamente hasta el gobierno de Carlos Salinas de Gortari, cuando por azares de la tradición masona —si así se le quisiera ver— el mismo día celebraron el aniversario luctuoso de los generales que terminaron confrontados por la disputa del poder —19 de octubre—. El derecho al ejercicio personal del poder peleado por Lázaro Cárdenas y el mantenimiento de una cuota de influencia y visto bueno del anterior cacique Plutarco Elías Calles no terminaron del todo con el "linaje" que desde la era final de la Revolución conformó una élite semejante a una *monarquía* con su respectiva oligarquía gobernante, quienes se heredan y pasan el poder por designio y alteración de voluntades, que simulan un sistema democrático.

En la histórica elección de 2018, todos esos paradigmas fueron derribados cuando, de manera aún no revelada, el presidente Enrique Peña Nieto dejó sin emitir una orden que podía utilizar el aparato de poder del Estado para forzar un resultado electoral, como ya es acostumbrado en cada elección de este país. A partir de ese momento, las élites que han detentado el poder por décadas, sucumbieron, descabezados de tajo por una decisión que terminó con un régimen de tradición, el cual era aceptado de una manera resignada por la población, cual designio inevitable.

Desde aquel acontecimiento, heredado por las disputas de los sonorenses que se habían erigido en poder nacional y la llegada y el cambio encauzado con el arribo de Lázaro Cárdenas del Río, fue hasta finales de los años 80 cuando el país enfrentó sucesos que desencadenaron la transformación acontecida en el año 2018.

Tras estos episodios de disputa por grupos autodesignados para llevar al poder a quien más a su estilo convenía, debían reconocerse fuertes cambios en la economía nacional mexicana, en el periodo del *salinismo,* heredero en una especie de designio por mandatarios de su estirpe que se han sentido capacitados para gobernar, más cerca de los Estados Unidos, en una especie de neocolonialismo moderno, consensuado, con respeto a fronteras y autoridades respectivas. Salinas apostó en señal velada por establecer un *Maximato* para controlar las sucesiones al estilo de Plutarco Elías Calles, durante unos seis periodos sexenales, para fijar su modelo de desarrollo económico y político.

Esto habría sido revelado por un indiscreto miembro del grupo de José Córdoba Montoya, *mano* consejero del presidente, durante un coloquio económico en Canadá. José Córdoba Montoya[7] es un cercano consejero ligado desde la era académica estudiantil al entonces ya mandatario de México en 1988.

De esta suerte, la herencia del periodo del salinismo o salinato[8], extendido hasta el año 2018, influyó irremediablemente en la conformación del pragmatismo económico, que ha inducido de manera transitable a un coloniaje económico y cultural de México, en su alineación con el imperio estadounidense[9], indisoluble y consensuado.

El acercamiento ha sido ideológicamente aceptado, más que la confrontación con el vecino del norte. Aquella que había quedado como producto de los despojos territoriales de 1838 a 1847, cuando el deseo y avidez del dominio imperial estadounidense vio la oportunidad de agrandar un territorio, que aún hoy en día, entre Texas y California, abunda de basto espacio, sin poder ser ocu-

---

[7] José Córdoba Montoya fue mentor académico de Carlos Salinas de Gortari desde su paso por la Universidad de La Joya en California, donde fue uno de sus maestros y, el entonces joven mexicano, su discípulo. Córdoba es hijo de exiliados españoles, nacido en Francia, vivía como académico en San Diego, California, Estados Unidos. En ese entonces, decidió acompañar a Salinas y adoptó la nacionalidad mexicana. Fue nombrado Jefe de Gabinete durante el sexenio de Carlos Salinas de Gortari.

[8] Como dato nada curioso, los presidentes mexicanos desde Salinas, egresado de La Joya en California, hasta Calderón, fueron egresados del MIT, en Boston, Massachussets, Estados Unidos y otras universidades estadounidenses, exceptuando a Fox, egresado de la Universidad Iberoamericana.

[9] Desde periodos de crudeza del combate insurreccional inducido, por ejemplo, a través de la Operación Cóndor, por los Estados Unidos, dirigida a exterminar el comunismo continental por medio de la violencia. México ha sido fiel ejecutor e, incluso, ha enviado a miembros de sus fuerzas armadas a capacitar en academias militares estadounidenses.

pado de habitantes, pero que cuenta con altos índices de población de origen y raíz novohispana/americana, y, cual designio inevitable, vuelve a invadir el territorio con sus razas originales, con el común denominador de la llamada "raza latina", que hoy habita y se desenvuelve ahí, como resultado de ese incidente de territorialidad internacional, originado en la aventura de Austin, Houston, Crocket, Travis y demás invasores de oportunidad entre 1836 y 1838, luego del incidente de "El Álamo".

Es por ello que las nuevas generaciones, con menos rencores sembrados por estos partos bélicos, y que pueblan hoy en día una zona generosa de recursos donde, como dice Roberto Saviano, confluyen numerosos capitales de lavado de dinero mundial, dadas las condiciones de falta de control en los negocios que surgen con el único fin de "lavar" capitales, en una compleja red de especialistas e "ingenieros" financieros, que completan un escenario para una juventud que, en mayor número y con más precisión, entiende y descifra, cómo ha sido el manejo de la política por unos cuantos y que, hoy por hoy, en un salto hasta hace meses insospechado y cual "Muro de Berlín" muchos no creímos, cayera, está a punto de cambiar de bando nuevamente y sin levantamientos armados, guerra civil salvo la permanente violencia del crimen organizado[10] y su ley impuesta en vastas regiones del país. Contamos con un

[10] Robeto Saviano es el periodista italiano oriundo de Nápoles que como investigador desnudó las redes de la "Cosa Nostra" y la "Camorra", poderosas organizaciones de la mafia italiana cuyos líderes fueron finalmente encarcelados. "Gomorra". Sobre Roberto pesa un contrato de ejecución jurado por los exjefes mafiosos, por lo cual el periodista vive todo el tiempo escoltado por un capacitado cuerpo de seguridad que le protege. Su segundo libro refiere cómo los grandes capitales producto de las mafias mundiales se "blanquean" y disuelven en México; "Cero, cero, cero".

país urbanizado, civilizado por jóvenes que derribaron tabúes, hablan con la verdad y esperan y demandan más, a parte de los viejos vicios de pobreza extrema en cinturones urbanos y amplias regiones rurales, donde sobreviven amplios sectores de la población sólo con dádivas y subempleo.

Por ello, este ensayo con relatos más en lo verdadero que en lo verificable, expresa el interior de asomo con un personaje y varios testigos que, por razones de espacio, tiempo y circunstancia, confluyen con aquellas personas y personajes, que en un futuro se relacionan con protagonistas del poder o muy cercanos a ellos, y que permiten al testigo, desentrañar el interior de un sistema de clase política en mudanza, que abre paso a otro lleno de expectativas y deseos, donde todo aquello que antes se negaba y parecía imposible de cambiar, se transforma hoy frente a nuestras propias narices.

Asimismo, otros relatos describen la marcha de los cercanos que no sólo por la realidad económica de México y los países centroamericanos y caribeños, durante tantos gobiernos erráticos, propició la emigración, que a partir del año 2019, se ha convertido en una incontenible ola latinoamericana de quienes anhelan vivir en el modelo estadounidense, dentro del mismo imperio y alcanza a sus cercanos y conocidos en un inevitable sincretismo moderno entre la potencia imperialista y el "gran hermano mayor" latinoamericano: México.

Sin aventurar como en aquellos relatos del fallecido maestro Jorge Ibargüengoitia, que se rozan con la verdadera profundidad del tópico histórico, pero sin dejar de lado la lección descriptiva que hace Octavio Paz en *El laberinto de la soledad*, la circunstancia de este mensaje no sería del todo entendida sin dar una interpretación al origen de la composición de los habitantes de este país, tan engañado por la historia oficial, como por el dios de la comunicación colectiva unilateral; que crecieron cual tumor benigno, junto al Estado catalogado como la "Dictadura perfecta", en su momento, por Mario Vargas Llosa, peruano español ganador del Premio Nobel, en pleno ejercicio presidencial de Carlos Salinas de Gortari.

1

EL ORIGEN DE MÉXICO

Estudiantes de cada nueva generación de la Escuela Nacional de Antropología e Historia (ENAH) han ido desentrañando, y prosiguen en su investigación, el verdadero contenido de la era prehispánica que recibió a los invasores. Aún intentan explicar cómo fue que, con sólo 600 hombres, Hernán Cortes fundó una extensión del imperio español y lo fusionó con el mexica.

Durante un recorrido por las ruinas del Templo Mayor de la Ciudad de México, Cleotilde, la antropóloga que guía las visitas, sostiene la versión de que esto fue posible por medio de originales emparentados con el *linaje* otorgado por los reyes de entonces. Cuando iniciaba la conquista por parte del imperio español, el conquistador extendió un inextinguible nexo con ese reino. Así, fundó una especie de armisticio entre Cortés y Cuauhtémoc, a través del nombramiento real de un *marqués de Miravalle*, emparentado por las dinastías de Hernán Cortés y Moctezuma Xocoyotzin.

Dicho acuerdo, que hubiese sido lo que a su vez salvó de la matanza a los originales, permitió también que, mediante las misiones religiosas de orden católico, se controlaran las epidemias desatadas con la invasión, desconocidas por los naturales. De esta forma, también fue posible conservar de alguna manera la mayoría étnica, convencida a través del tiempo con el concurso de la fusión religiosa por medio de la deidad local —creencia conocida como *guadalupanismo*[11]—, y utilizando su fuerza de trabajo para el desarrollo de la industria y agricultura con modos brutales de tipo esclavista que, a su vez, promovieron la producción de comestibles, ganadería y demás productos mediterráneos.

Dichas actividades productivas encontraron en el vergel mexicano y americano tierra fértil para lograr el enorme desarrollo y sustento que requería la siempre creciente población originaria, la cual, a diferencia de la del norte en los Estados Unidos y su coloniaje[12] —más de origen protestante—, se conservó y es mayoritaria hoy en día en México. La única colonia de España reconocida en los linajes de estilo monárquico en América es la Nueva España, cuyos dominios se extendían desde Florida, Nueva Orleans, en Luisiana; la Alta California, y hasta Centroamérica, en Costa Rica.

En esta versión de la Conquista, el principal objetivo de los acuerdos habría sido salvar la vida del pueblo ante la derrota, más por las epidemias que ellos desconocían.

---

[11] El mito guadalupano es la condensación de ideas sobre fusión, pero a su vez reconocimiento de la parte indígena que el catolicismo acoge y busca incorporar a los naturales a la fe católica, aceptando sus diversas formas sincréticas de culto.

[12] Esta visión pudo ser determinante en la extinción planificada de los nativos indoamericanos en esa región, la cual dejó absolutamente diezmada de población original que no había sido convertida al catolicismo y que no alcanzó a llegar más allá de Nuevo México, Arkansas, o en la Alta Canadá.

Cuauhtémoc pasó algo similar a lo que posteriormente hizo Santana en el estero de San Jacinto, Texas, al vender territorio como indemnización de guerra. En ambos casos, ignoraban paradójicamente, fundiéndose antes, como después, el destino de esos tres diferentes pueblos hoy unidos cultural y territorialmente en Norteamérica: el hispano, el mexicano y el norteamericano.

Cuauhtémoc habría salvado a su grupo al aceptar de un hábil Cortés, un nombramiento de la Corte española. La viruela hizo el resto. Estos acontecimientos, según los cuales los descendientes de Moctezuma hubieron emparentado con descendientes de Cortés, hace a México parte del reino de España y de su descendencia noble. Todo esto, gracias al perdón negociado por el conquistador y el sobreviviente noble del comercio en los alrededores de Tenochtitlan, quien no intervino en el exterminio de los mexicas en la Plaza Mayor por Pedro de Alvarado, dada la confrontación y desprecio que existía sobre el territorio y persona de Moctezuma II[13].

En la versión de Cleotilde, luego de ser arrestado en Tlatelolco, Cuauhtémoc negociaría con el conquistador un mutuo acuerdo de cogobierno con un noble oriundo del territorio conquistado, mientras sería beneficiado con un título de nobleza español, aceptado por la sangre nativa en armisticio de paz y; al mismo tiempo, Cortés convencería al reinado que presumía en un principio su traición, de que el territorio conquistado ayudaría en la reposición de la ruina del reino español como una anexión a su extensión.

[13] Moctezuma II o Moctezuma Xocoyotzin, tlatoani de los mexicas entre 1502-1520.

La propuesta aceptada por Fernando VII, permitiría al conquistador designar junto con el rey a un virrey en la Colonia, por lo cual el territorio mexicano es considerado parte del reino de España en América, rico en recursos y oro. Más adelante, los criollos instalados en este territorio decidirían el destino de la república independiente de hoy.

También es importante reconocer que la noción de país surge más de la acción de una generación erigida del mestizaje español (criollo) predominante en México, la cual derivó del movimiento por la Independencia, finalmente descabezado, primero por Calleja, un hábil y cruel militar del imperio español; y después, por Iturbide, en el pacto de Acatempan.

Sin dejar de lado que la república surgió después de la firma de la Independencia del reino español, es más producto de los deseos de los españoles nacidos en México que de los pueblos originarios. La noción de país parte esencialmente de ese sector erigido en América, y no de las cientos de tribus que hoy perduran en el territorio. Muchos indígenas, más que mexicanos, tienen un origen tribal en varias poblaciones de estados como Chiapas, Oaxaca, Yucatán y Sonora, por citar los que cuentan con mayor dispersión de culturas originales.

En cuanto al "Pacto de Acatempan", refiere al pasaje de cuando Iturbide perdió y "entregó a su tropa", más por estrategia que por derrota militar. Así, logró pactar con Vicente Guerrero, el último general que se mantenía rebelde ante el descabezamiento del movimiento independentista. Ambos pactaron la paz por el mismo objetivo:

fundar un país. Iturbide, aconsejado por criollos locales que renegaban de la Corona española, misma que lo había enviado originalmente para gobernar a nombre de los Reyes de España, se convenció de encabezar un gobierno propio, lejos del reinado europeo.

Acuerda así la paz con Vicente Guerrero, cuando originalmente fue enviado para dominar la insurrección, e igual que Cortés, encontró conveniente permanecer, pero de otra manera: como emperador.

No fue sino hasta la llegada de Benito Juárez al poder —más por habilidad política que por herencia de linaje— el momento de un liberalismo de corte masón heredado de Europa, pero arraigado en la raza más originaria del país norteamericano. México logró la independencia de los linajes extranjeros que habían colocado a Guadalupe Victoria[14] como representante, no de las razas múltiples y originales que abundaban en el territorio casi como feudos, sino de las zonas urbanas representantes de la república.

Benito Juárez, masón originario de Oaxaca, logró romper con el *criollismo* de origen español que negaba a su Corona, pero conservó su tendencia al linaje. Juárez logró instaurar una auténtica república, más acorde con la masonería yanqui, que a la postre, resultó su aliada en el exilio de Nueva Orleans y en su entrada triunfal, equipado con recursos del nuevo país yanqui, cuando ingresó por el Paso del Norte, junto a Gabino Barrera y Mariano Escobedo, así como con el Ejército de la Reforma, en lo que hoy es Ciudad Juárez.

---

[14] José Miguel Ramón Adaucto Fernández y Félix.

Por otro lado, muchos años después, y en parábola de traslado de designios cual si fuese un guion dinástico, la llegada de Luis Echeverría al poder, designado por Gustavo Díaz Ordaz —probable descendiente del clan de Porfirio Díaz— y su consabido y tardío arrepentimiento, lo sitúa como un arribista por conducto de la hija del general Zuno, María Esther, pero de origen vasco, de la península ibérica, dando finalmente el paso a José López Portillo, dueño del linaje al cual se apegó Echeverría en sus orígenes españoles republicanos, de donde se cultivó y de donde abrevó. Dio así el pase a su compañero y guía de estirpe noble española, descendiente de linaje de Cortés, quien se atribuyó ser el real Quetzalcóatl, el hombre que llegó del mar y conquistó una y otra vez los pueblos mesoamericanos prehispánicos como si en ese entonces resurgiera, la Nueva España con José López Portillo y Pacheco, quien restauró la relación rota con el país ibérico por Luís Echeverría al oponerse al franquismo.

López Portillo invitó a tomarse la foto. Al centro, los Reyes de España —Juan Carlos y Sofía—; a un lado, el arqueólogo que desentrañó los monumentos de la Gran Tenochtitlan, Eduardo Matos Moctezuma, descendiente dinástico del último emperador mexica. La escena en cumplido a su verdadero linaje.

Como colofón, tenemos por un lado a Vicente Fox Quesada, a quien Ernesto Zedillo permitió de la misma manera que Enrique Peña Nieto en 2018, reconocer el resultado de la elección y no ordenar algún operativo que alterara los resultados de las urnas en el año 2000. Zedillo reconoció así el triunfo de Vicente Fox Quesada, de origen guanajuatense, quien descendió a su vez de padre estadounidense y madre española.

Por su parte, la entrega del acta de nacimiento de su abuelo a Andrés Manuel López Obrador, original de Cantabria, por parte del presidente del Parlamento español, Pedro Sánchez, y la asistencia a su asunción como presidente en 2018, por parte de los Reyes de España, enmarcan y refuerzan el indisoluble lazo cultural histórico hispano y mexicano que dio origen a México.[15]

---

[15] Por eso, en seguimiento al diagnóstico de José Vasconcelos, secretario de Educación del presidente Álvaro Obregón, quien hace referencia a una "raza cósmica" que ha de desarrollarse en este país, por factores ideológicos como históricos en los que confluyen: el colonialismo español, sus designios borbónicos, los nativos de las Américas y la alianza con el imperio norteamericano.

2

LA EXPANSIÓN DE LA RAZA

Es indiscutible que existe una nación mexicoamericana que reclama sus fueros, y no es imposible que, de algún modo, logrará vencer las intenciones pasajeras de aquellos que pretenden expulsar y detener la ola latinoamericana que los invade y que poseerá en su momento, como parte de esa riqueza arrebatada a los mexicanos. No obstante, por esa misma razón, conforma un anclaje cultural que podemos denominar *hispano-latinoamericano*, el cual les hace comunes y hermana a muchos junto con su raza americana, sembrada mucho antes de quienes vuelven a reclamar propiedad que no les perteneció del todo, pero desarrollaron en un país de *primer mundo*.

Ahora, con el tiempo, dicho territorio podría ser compartido no entre dos, sino entre varias naciones que son la misma: la gran nación hispanoamericana. Pensemos que ahí también hay una nación afroamericana, y otra indo-americana, los primeros pobladores, casi desaparecidos por el coloniaje anglosajón.

El modelo de vida americano, alardeado y expresado mediante los ideales familiares de libertad, progreso, respeto y comodidades, ha sido el mayor atractivo para todo desposeído que argumenta legítimos derechos a la felicidad prometida por este modelo, desde el pionero Benjamín Franklin.

El modelo y los lemas son la miel que atrae a las abejas y, ahora, pueden verlo materializado en amigos y parientes, quienes narran a sus coterráneos —con quienes mantienen el lazo y las visitas comunes— los beneficios que se tienen "del otro lado", la solución al deseo aspiracional. Nada que se parezca a un modelo compartido y de comunidad social como el de las anteriores propuestas de la Cuba rebelde y justiciera guevarista y castrista, del romanticismo de la justicia revolucionaria y del espíritu cooperativista, ideales "trasnochados" y "utópicos". Ahora, el anhelo de lo común es rebasado por el de lo privado de la casa y de la familia, como figura en *Los Picapiedra, Los Simpson,* y demás influencias del modelo imperial norteamericano: cualquier joven *millennial* anhela hoy en día "vivir allá".

Para mayor referencia, el maestro Carlos Fuentes en su *Espejo enterrado*[16], abunda más sobre el tema del origen mexicano con lujo de detalle. Su gran aportación a la explicación del origen de la "especie mexicana"; es decir, el mexicano común, proviene y resulta en una mezcla de creencias e influencias que transitan inevitablemente desde la cultura nativa, pero también desde la de la construcción de los españoles, con el añadido de la influencia del modelo económico y social del imperio moderno vecino, por circunstancias y accidentes históricos ineludibles.

[16] Fuentes, Carlos, El espejo enterrado, México, Alfaguara, 1992.

En la era moderna, el cine habrá de tomar el papel del gran medio de comunicación masiva, que permite exportar, influir y comunicar desde la esfera del entretenimiento, un modelo de ciudadano en su organización social con el preponderante modelo de sociedad anglosajona norteamericana, que irrumpe desde entonces y hasta ahora con una propaganda sutil del modelo a seguir.

Cabe detenerse en Carlos Monsiváis y su *Amor perdido* para detallar este aspecto. Pero llama la atención de la pluma del maestro de Portales, Ciudad de México, el detalle de la gran influencia del comediante Germán Cipriano Valdez, mejor conocido como "Tin Tan", quien irrumpió en las pantallas nacionales como el gran personaje que influye y modela el perfil del mexicano urbano. Tiene su origen en la propia biografía del cómico nacido en la zona de la Villa de la Veracruz, a un lado de la Alameda de la Ciudad de México, pero que muy joven emigró a la fronteriza Ciudad Juárez, donde adoptó el personaje conocido como "Pachuco", que no es otra persona que el mexicolatinoamericano que habita las grandes ciudades del sur de Estados Unidos, no es anglosajón ni afroamericano, pero encuentra su propia identidad en un vestir y lucir propios.

Con la exacerbación de un lenguaje que ahora se denomina "spanglish" —por la mezcla de los dos idiomas y culturas que se comparten en esa región—, "Tin Tan" logró un arquetipo que es imitado exitosamente en las zonas urbanas mexicanas, en una mezcla de influencias que van desde el ritmo del mambo creado por un cubano que se estableció en México desde los años 50 del siglo pasado, Dámaso Pérez Prado —que inunda el gusto de ambos lados de la frontera— hasta la copia de rasgos de un comediante de origen afroamericano de nombre Cab Calloway. Tin Tan se convirtió en el modelo a seguir de la juventud urbana de los 40 y hasta los años 50.

En la década de los 70, el comediante retirado de la producción de cine —y quien difundió también en sus películas parodias de los grandes cuentos internacionales— se dedicó al doblaje de películas para niños producidas por los estudios del gigante estadounidense del entretenimiento cinematográfico, Walt Disney, logrando que los personajes animados, a quienes prestó su voz, impacten en la infancia mexicana.

Hasta la actualidad, una gran colonia de mexicanos invade Hollywood, la meca del cine mundial. De ahí proviene el gran semillero de influencia cultural binacional, gracias primero a la formación de los pioneros del cine nacional: Emilio Fernández, Dolores del Río y Gabriel Figueroa (cinefotógrafo); sin ellos, los actuales laureados directores mexicanos de proyección internacional, tales como Guillermo del Toro, Alejandro González Iñárritu y Alfonso Cuarón, no se habrían concebido.

Había carencias, pero no tantas

Quién iba a pensar que esa gran avenida con camellón coronado con palmeras al sur de la ciudad —donde se apreciaban montañas y el gran edificio de la Torre Latinoamericana— había sido una zona de baldíos, sin trazo de calles más allá de las zonas porfirianas de la *Del Valle* y *Narvarte*, delineadas en trazo diagonal, estilo París, y con

51

apellidos de los expropietarios de las grandes haciendas de esa época.

Aparecieron así las colonias: *Vértiz, Narvarte, Niños Héroes* y lotes que daban a los manantiales de Nativitas, donde sobrevivía el canal de Tlalpan hasta Xochimilco, por medio de trajineras con capacidad de 20 pasajeros, que iban hacia el lago.

La ciudad ha experimentado diversas metamorfosis y resultaría absolutamente desconocida para un habitante de 1900 que pudiese viajar en el tiempo; o bien, regresar unas cuantas décadas para ver un panorama distinto, otra ciudad o tal vez varias ciudades superpuestas a la usanza de los mexicas y otros pueblos que solían enterrar una pirámide construyendo otra encima como indicador del inicio de una nueva época. ¿Cuántas ciudades, colonias y barrios yacen bajo la superficie de la nueva colonia, unidad habitacional o complejo de edificios que en sus entrañas posee el pasado y los vestigios de otras épocas?

Cuando se descubrió la Coyolxauhqui e inició el proyecto del Templo Mayor en los tiempos *lopezportillistas neoquetzalcoatlianos*, se fue revelando poco a poco el pasado de la Gran Tenochtitlan. Debajo del Centro Histórico está la ciudad mexica, que parecía reclamar sus fueros y se negaba a quedar enterrada en el olvido: ahí veía pasar el tiempo, como la famosa puerta de Alcalá de Henares, paráfrasis histórica hispanomexica. Dicen los versados en arqueología, historia y arquitectura que las ruinas del Templo Mayor se han elevado ante la ausencia del peso que las cubría. ¿Será que emergen de la tierra para decirnos que "mientras permanezca el mundo, no acabará la gloria y fama de México Tenochtitlán", como decían las crónicas mexicas?

Decía mi abuelo, y también la abuela

Pues bien, en la parte alta de esa zona fincaron aquellos que compraron porque tenían los recursos. A principios del siglo XX, el señor de la casa había quedado huérfano de padre debido a un atropellamiento, cuando con su guitarra —bohemio de transporte público de pasajeros— se ganaba la vida cantando en los camiones, tal vez con la costumbre del alcohol aunado a la alegría y la simpatía que siempre atraen. El mayor de los hermanos, del mismo nombre que su desaparecido padre, optó por algo similar. Dejó a una hija en el abandono y siguió la vida bohemia. Así que su tía, mi abuela, cuya hermana se había casado con el bohemio cuñado, enamorador y mujeriego, nunca dejó de ver por la hija de su cuñado y de su hermana también, ante la prematura muerte de la hermana que le engendró. Él, a su vez, era el mayor de los hijos y se hizo cargo de todos hasta el tiempo que crecieron y fueron fuertes, pues su madre murió, tal vez de tristeza o algún mal. Ese era el abuelo.

La mirada de mujer en la revolución

La abuela, su esposa, hablaba y hablaba de haber sido testigo de la entrada de "Pancho Madero", "Viva Pancho Madero", solía decir. Muy bien informada la abuela, cuya culta hermana fue maestra, fundadora de la cooperativa del periódico *Excélsior*, donde trabajaba también en el taller de linotipos, conoció a un apuesto chofer de tráiler Moreland, de ojos azules, rubio trigueño, que entregaba el papel producido en "La Hormiga" y Peña Pobre, allá por 1925.

La abuela vivía a dos cuadras de la Ciudadela cuando se amotinó el general Mondragón contra Madero. Recordaba, en su silla de madera, junto a una alacena de lámina de su cocina en la casona construida y mantenida por el chofer junto a cuatro hijos. "Por las esquinas se apilaban montones de cuerpos y olía feo", decía. Ella era hija de doña Panchita, mujer sola con puras hijas bellas. Vivían en calle Dr. Pascua y se iban caminando —las hermanas— al recién nacido periódico. La madre de la abuela era ama de llaves de una casona rica en la colonia Roma, donde vivió en su alcoba, hasta que falleció.

Sus patrones no la abandonaron ni enferma. La querían mucho. Habían sobrevivido aquellos 12 días de matanza entre mexicanos, que iniciaron los militares nostálgicos operados por don Porfirio a control remoto desde París, contra los revolucionarios antirreeleccionistas de Madero, quien, paradójicamente, demostró con su sacrificio que ninguna revolución se concreta por la vía pacífica, lección repetida hasta la saciedad por la historia.

Ellas habían huido de la ciudad en guerra, junto con sus primos de Querétaro, quienes, a caballo, vinieron por ellas. Largo el camino, sin abasto de alimentos, probaron yerbas y quintoniles, que de manera accidental provocaron el fallecimiento de la más pequeña. Las cuatro más fuertes sobrevivieron. Más grandes y autosuficientes, las tres hermanas vivieron juntas, bailaban charlestón en algún lugar del centro de la ciudad donde conocieron a sus respectivas parejas. Una de ellas, en particular, siguió por decenios bailando los nuevos ritmos que arribaban a la Ciudad de México en tiempos de la gran Primera Guerra Mundial.

Sabiduría urbana

Mientras tanto, el chofer hacía dinero sobreexplotando el trailer de un español, dueño de los transportes que cargaban papel, cartón y llantas que se mandaban a Europa para combustión en Inglaterra. Es seguro que algunas de esas llantas quedaron hundidas en el Atlántico, por torpedos nazis que él, junto al primo de su hermana, apoyaban por la lucha germana, confundidos ante la eficaz propaganda nazi que, de alguna manera, llegaba a sus manos. ¿Nazis mexicanos? Paradojas de la historia y la cultura. Ellos discutían llamándose camaradas, ya comenzada la Segunda Guerra Mundial.

Su mamá era de Veracruz. Él nació en la ciudad cuando su madre emigró y conoció en algún momento al que sería su padre. De regreso a Veracruz, el joven fuerte trabajaba de buzo con escafandra en la ampliación del muelle que impulsó don Porfirio para desarrollar los puertos. Todavía como un menor, apoyaba a su madre abandonada por el alegre esposo.

En la Ciudad de México, junto a sus hermanos, lo enroló un camionero repartidor de cerveza Corona, pero no de machetero, sino de *cubetero*. Era vendedor en la tribuna de los eventos en la Plaza de Toros, a donde disfrutó la presentación de "El gran Caruso" en México. Afortunado testigo de ese evento histórico en la capital durante la década de los 20, aprendió todas las overturas famosas de Verdi, que cantaba de forma precisa a todo pulmón, asemejando al original.

Iniciado en el alcohol como su hermano, se hizo cargo de sus otros dos hermanos menores, integrándose también como *cubeteros*. El mismo amigo camionero le habló del español y llegaron muchos fletes de material reciclado para la guerra, de Peña Pobre, La Hormiga en Tizapán, San Ángel y hacia el puerto de Veracruz. En el transcurso de este viaje conoció a la blanquísima, cuya madre ya era la ama de llaves que comandaba la servidumbre en una residencia exporfiriana de la Roma. Como se ha mencionado antes, laboraba en una de tantas casonas que doña Panchita decía que repartió el general Obregón y, por ello, dio el nombre a la calle[17].

El abuelo, aconsejado por el español don Vidal, compró un lote en Niños Héroes-Nativitas, un baldío, sin calle, que luego fueron alineando los vecinos, ante la resistencia de

---

[17] Contaba la abuela que, luego de la desbandada de científicos y familias protegidas de minoría que huyeron por temor al rifle revolucionario, el general paseaba por la bella avenida que asemeja La Chapelle, Parissien, hoy llamada precisamente, Álvaro Obregón, y lo alcanzaba algún oficial hasta el frente de la cabalgata triunfante del caudillo sonorense.
—Mi general,
—¿Diga, coronel...?
—¿Ya vio qué bonita casota?
—¿Le gusta, mi coronel? pos'sn, "garrela", mi coronel.
—Gracias, mi general.
Hubo mucho reparto revolucionario de los caudillos, incluido mi general Emiliano Zapata Salazar, al sur de la ciudad, donde viejos títulos de propiedad exhiben la firma del caudillo del sur, hoy en día, del año 2019, son documentos con reconocimiento oficial. Sólo que las nuevas generaciones no tuvimos tierra. Toda tiene dueño, que hoy la vende.

una dama de la vida galante, a la que algún galán había vendido pedazos que correspondían al trazo de la vialidad vehicular que ya asomaba, a final de los 40, en la posguerra.

Los vecinos fueron a romperle los vidrios con el fin de alejarla de ahí, pero ella, inmutable, cubría los vidrios rotos con cartón. El cuarto de aquella dama duró muchos años en el camellón, ya que gozaba de la protección de un amparo que algún abogado le había conseguido. En el crucero de una avenida diagonal había una llave pública de agua. Era frecuente ver a la mujer, ya avejentada y harapienta, mojar partes de su disminuida figura, hasta el día que amaneció sin vida. Meses después, su jacal fue demolido. La avenida *Niño Perdido* ya estaba trazada hasta una cerrada en la *colonia del Periodista*, donde también otro propietario se oponía a dejar sus terrenos —por rumbos donde terminaba lo que hoy es el Eje Central de la Ciudad de México—cercados por una barda. Para continuar, se tenían que rodear otros tres kilómetros cuadrados de la amplia vialidad.

La estirpe familiar

La familia había vivido en la calle de Manuel Caballero, colonia Obrera, donde un primo hermano de la abuela tenía una vivienda en un amplísimo lote donde había montado un taller electromecánico de manufacturas, desarrollando maquinaria de inventiva propia para el sellado de los medidores de la Electric Light and Power of Mexico, compañía previa a Luz y Fuerza del Centro, que nunca pudo ser nacionalizada del todo.[18] En la vivienda ubicada en el patio trasero de la casa del tío Lupe, nació una gran amistad entre el trabajador retirado de la empresa de electricidad y el abuelo trailero; los sábados eran de tertulia a partir del medio día en que "rallaba" a los empleados, paraba máquinas y comenzaba la plática de política.

En aquél entonces, desde la aduana de Vallejo, en bicicleta, llegaban los garrafones de galón de pulque —unos cinco— que ponían en ambiente la discusión: desde el nazismo en Alemania, hasta la política del pleito entre Plutarco Elías Calles y Lázaro Cárdenas; más tarde, la guitarra, en manos de Luís, cuya potente voz lo hacía uno de los mejores cantante y, por lo tanto, los niños aprendieron a cantar.

En el cine, la estrella era Jorge Negrete, alias "el Charro Cantor", cuya foto de dos planas de periódico conservaría la abuela por años, después del fallecimiento del actor por cirrosis hepática. La conservaba pegada en su cocina, llena de cochambre en un espacio arriba de su silla de madera, donde de cuando en cuando se sentaba para descansar de aquellas jornadas de cocina, donde los frijoles se tenían que vigilar todo el tiempo en la olla de barro, échale y échale el agua que calentaban en la cazuelita con que se tapa la olla.

---

[18] Ni la posterior nacionalización de la Industria Eléctrica del presidente, Adolfo López Mateos en 1962, ni por la extinción decretada por Felipe Calderón en el año 2010, se pudo tener en algún momento la nacionalización total de la Red Eléctrica Nacional del país.

Los jóvenes vivían en la calle. En las esquinas se reunían y soñaban con formar tríos de cancioneros, de boleros y, por ahí, todos eran artistas de la cantada. Las chicas soñaban con los bailes de grandes salones y vestidos satinados. Cualquier pretexto era suficiente para la fiesta donde el mismo *Son clave de oro* —protagonista en sensual escena de Ninón Sevilla, para la película de moda, *Aventurera*— había sido llevado para tocar en el cumpleaños de don Lupe, por lo que se lucían las mejores galas entre los caballeros y las damas que deseaban al galán más bailarín, mas que a cualquier otro profesionista o estudiante.

El tío había logrado que el mayor de los hijos de Luis, su primo político y camarada, ingresara primero como aprendiz a su taller y a la vocacional del Instituto Politécnico Nacional (IPN), porque así pudo calificar para su ingreso a la, entonces, Electric Light and Power Company. El taller fundado por el tío Lupe había logrado reparar y actualizar medidores de corriente con precisión de relojería, hasta que el negocio impuesto por la industria IUSA, de Alejo Peralta, ingresó medidores desechables a partir de los años 70; durante décadas, la reparación e instalación de equipos de medición propios, reciclados, reinventados en talleres mexicanos, pudieron superar esta y otra batallas comerciales, que con el paso del tiempo y nuevas tecnologías más económicas y automatizadas, acabaron por relegar estos oficios.

Los sobrinos y el hijo mayor del primer matrimonio encabezaron durante décadas el sustento, manteniendo y manteniéndose operando y modernizando las tecnologías de ese taller, mientras fue posible. Contaban con empleo remunerado, sustentable, y con un elemento que cobró fuerza ante el impulso del gobierno cardenista, que decidió ganarse a los trabajadores ante la embestida patronal corporativa del exgobierno callista, que se sentía agredido por el desplazamiento de una clase que se asume destinada a gobernar para los sonorenses dinásticos.

La electricidad es nuestra…, el sindicato también

Hágase la luz, y la luz nos llegó con la industrialización, pero con ella no podía faltar la clase trabajadora responsable de dotar del elemento luminoso al país y, con ello, el noble proletario encargado de tales menesteres necesitaba estar organizado en un sindicato; faltaba más, pero un sindicato que asume la condición de defensa de una empresa que ha quedado atrapada entre la nacionalización de la industria eléctrica y el servicio de varias empresas extranjeras que abastecen la zona centro del país; en particular, la Ciudad de México, Cuernavaca, Puebla, así como parte del estado de Michoacán, el Estado de México e Hidalgo.

El sindicato en cuestión asumió la plena independencia de los grupos corporativos del Estado, la Confederación de Trabajadores de México (CTM) porque es de justicia que el trabajador vele por sus derechos y deje de ser un mero elemento corporativo de los charros sindicales[19].

[19] La denominación "charro" viene de cuando el presidente Miguel Alemán Valdez dispuso el desconocimiento y encarcelamiento de los líderes del movimiento ferrocarrilero en huelga, encabezado por Demetrio Vallejo y Valentín Campa, a quienes encarceló. La Secretaría del Trabajo reconoció a un líder disidente de los depuestos, miembro del sindicato, quien era diestro en las suertes de la charrería, Jesús Díaz de León. Así que, cuando asistió el presidente a su toma de protesta como Secretario General de los

La era cardenista promovía la justicia laboral como reivindicación popular ante la clase burguesa que se consolidaba alrededor del *callismo* y la estimulaba con lo que los trabajadores lograron ventajosos contratos, sobre todo en el sector eléctrico con el despegue del tren urbano de pasajeros en la Ciudad de México, impulsado por energía eléctrica.

El progreso demandaba electrificar la ciudad y los electricistas de la Electric Light and Power eran de los consentidos, nada se les negaba y les daban ventajosas oportunidades de progreso. Por el bien de la familia, el patriarca don Lupe dio oportunidad a sobrinos y destacados aprendices de su taller, con estudios politécnicos, para hacer carrera en la posteriormente conformada Compañía de Luz y Fuerza del Centro. En la era de la agitación sindical en el México de la posguerra, y hasta los actores encabezados por el célebre "Charro Cantor", Jorge Negrete, exigían la conformación de su organización sindical.

Poderosos y fraternos, los electricistas encabezados por Juan José Rivera Rojas ofrecieron su apoyo en aquellos años 50 a los actores agrupados en la naciente Asociación Nacional de Actores (ANDA). Se conservan fotografías en el edificio sindical de la calle Antonio Caso, esquina Insurgentes, de la capital del país, donde, tomados del brazo, dos galanes impecablemente vestidos con traje de casimir inglés marcharon codo a codo por las calles de la ciudad:

---

ferrocarrileros, apareció montado a caballo y haciendo suertes charras en la Convención de Aguascalientes. De ahí que los líderes impuestos por el gobierno son denominados "charros".

eran el dirigente del Sindicato Mexicano de Electricistas (SME) Juan José Rivera Rojas y el "Charro Cantor", sin sombrero charro, Jorge Negrete. El incidente obligó a convocar una asamblea general del sindicato electricista, en la cual todos tenían derecho estatutario de voz y voto. Así llegaron las acusaciones de sus opositores al dirigente de los electricistas:

—*Compañeros: el compañero Juan José anda en apoyo de los actores y artistas muy bien vestido, compañeros. Es un traje de casimir inglés, muy caro. Y, además, compañeros, ¡trae un Cadillac, compañeros!*

—*Tiene la palabra el compañero Juan José Rivera.*

—*¡Compañeros!*

—*Como es de su conocimiento, hemos venido brindando apoyo a los compañeros actores y artistas que, en su legítimo derecho, requieren prestaciones y estabilidad laboral, compañeros, y protección social. Nuestro lema es "Por justicia y defensa del trabajador", compañeros. Esto lo hemos venido manifestando en la calle, compañeros, en compañía de celebridades como Dolores del Río y don Jorge Negrete, compañeros.*

Ellos, compañeros, visten y lucen bien... ¡y el líder de un sindicato como el Mexicano de Electricistas, de vanguardia y poderoso, no tiene por qué verse menos, compañeros, ¿o no?

-*¡Sííí, Juanitooo!, exclamó la audiencia de trabajadores.*

—*Y además, compañeros, me compré un Cadillac, que no es mío, sino de toda la organización, pero, ¿verdad que si quiero comprarme otro, ustedes me lo compran?*

—*¡Sííí, Juanito!..., ¡cómprate dooos!*

Exclamó la audiencia unánime que así apagó a la disidencia…

Y cómo no, si Juan José había emplazado a huelga meses atrás, y había logrado aumento salarial del 15%, así como recortar la jubilación a los 35 años de servicio en zonas de riesgo, dada la incidencia de desgracias por riesgos en tan importante actividad. Pronto, otras organizaciones de paraestatales y servicios del gobierno, como los petroleros y telefonistas, fueron acercándose en las demandas de los electricistas de la nueva compañía de Luz y Fuerza del Centro.

Familia de zona urbana

Si bien al abuelo había que sacarlo de la estación de policía por las redadas de automovilistas en tiempos de don Adolfo Ruiz Cortines, había un "regente" designado por el propio presidente, dado que, como la ciudad era Distrito Federal, o sea que pertenecía en parte a todos los estados, sus habitantes votaban a su gobernante de la ciudad, que en los hechos era el presidente, encargado formal de la capital, pero como la federación demandaba su presencia en toda la República, entonces, el preciso designaba a un administrador plenipotenciario que en los hechos gobernaba la Ciudad de México.

En ese entonces, estaba a cargo don Ernesto P. Uruchurtu, odiado por muchos, temido por otros, pero reconocido por su forma represiva de poner orden mediante redadas, las tristemente célebres "razzias" o los retenes de automovilistas agazapados a la salida de las bajadas o curvas, para no ser detectados por los automovilistas, entre otras lindezas. Si algo no estaba en orden, uno iba a prisión preventiva, como sucede actualmente con aquellos que reprueban el alcoholímetro y que pasan la noche en *el torito*. Eran los años 50.

El abuelo siempre traía a casa dos periódicos que leía de principio a fin, mientras la abuela que, por alguna razón, dejó de dirigirle la palabra, la pasaba en la cocina o frente al televisor que le había comprado su hijo mayor, hasta que el abuelo falleció en 1971. La abuela fue dura con él, hombre fuerte y gallardo que un día salió disparado de la cocina entre gritos y calificativos irrepetibles, acompañados de platos y vasos, que, por fortuna, fueron esquivados por el abuelo. ¿La razón? Un misterio. Desconocemos la causa, pero me consta que así fue.

La única hija de los abuelos, madre de tres hijos y con un fracaso de pareja, tuvo que regresar al refugio de su padre, quien dijo a sus hijos varones con toda la intención de que quedara claro cuál sería el destino de los criticones:

—Primero se me van ustedes que ella y sus tres hijos, decretó el abuelo ante el fracaso matrimonial de su hija, que ahora contribuiría al hogar materno con los tres hijos porque, según la premisa nacional: "Donde comen tres, comen cuatro, cinco o seis más", faltaba más.

El abuelo enseñaba a leer al más pequeño de los nietos en la mesa, con el periódico, y fascinado al escuchar al nieto rebosado por las primeras lecturas en voz alta que incluían la nota roja, pero también deportes. Muchas notas de deportes permitieron la comprensión temprana de reglas y tablas de competencia profesional al comienzo de los años 60.

Un día, llegó la televisión...

Ahora, entraba la magia de la imagen a través de la ventana, algo increíble: la pelea del "Ratón Macías" logró alejar a la abuela de su radio "Zenith", colocado en un bonito mueble de madera estilo catedral, que sonaba todo el día con música de ranchera, tropical de la Sonora Matancera a la Santanera, tríos y trovadores con boleros, y el locutor que interrumpía con información, en cantidades industriales en tiempos de la guerra de Vietnam:

"Hanoi, Vietnam...", se escuchaba en el aparato de radio. Eran puras matanzas y sumas de muertos.

"Saigón, Vietnam...", el desfile de los muertos en combate y el de las canciones de moda, además de las estrellas que pasaban de la radio a la televisión, algunas en franca decadencia porque la televisión reclamaba caras y cuerpos bellos, ahora que la imagen se imponía por sobre todo, y reclamando nuevos rostros y complexiones más acordes a la modernidad. Esos dictados estereotipados que han prevalecido en los medios de imagen.

Pero en la clase media y los barrios de casas estilo americano con cocheras y patios, los jóvenes comenzaron a acercarse, gracias a la televisión y la radio, al rock de procedencia *gringa*; el *rock & roll*, del que difícilmente se entendía la letra, por más revolucionaria, sexual o subversiva que fuera, enamoraba más por la música que por lo que sus cantantes decían.

Esos músicos que ahora aparecían en portadas de revistas llenaban los puestos de herrería abiertos en compás, y abundaban en las esquinas de las calles, tanto como los pasquines, esas historietas que la abuela compraba para que hubiera siempre lectura, misma que, una vez concluida, arrojaba a los inquietos, vitaminados y bien alimentados niños que jugaban en el patio y en la calle, quemando energías en tiempos en los que el Trastorno por Déficit de Atención con Hiperactividad, el famoso TDAH, era inexistente.

Cerca, y a cada lado siempre, había un terreno baldío con una barda rota de uno u otro lado, semihabitado, con una vivienda precaria, pero con patio, donde se guardaba un viejo avión, tal vez de la Segunda Guerra Mundial, con cristales al frente como vitrinas, pero sin armas. Uno de tantos días, esos hiperactivos escuincles que jugábamos a las guerritas dentro del avión, fuimos expulsados del lugar por la madre de Genaro, uno de los nuestros que habíamos conocido en la calle, insistiendo que no volveríamos a entrar a jugar ahí, despojándonos de una diversión fuera de serie.

Pero había otro predio que guardaba un miniauto topolino, Fiat rojo, descapotable, visiblemente averiado y desmantelado, propiedad de un habitante del barrio conocido como, "el Gandalla", tipo alto y malencarado, actor secundario en películas de mexicanas. Salía en películas de charros, gánsters nacionales y cabareteras, así como en las del Santo o Blue Demon, siempre en el papel antagonista, el famoso "malo de la película".

El auto en cuestión, estacionado en el predio, sólo podía ser accesible si traspasábamos el muro por lo que un día, cuatro arrojados chamacos logramos derribar el último obstáculo de la barda y sacamos a la calle el vehículo. Nuestro momentáneo líder de la operación sabía manejar y, mientras empujábamos el auto para darle vueltas a la manzana, nos turnábamos los cuatro lugares para pasajeros. Algunos hacían lastre y como podían se subían para no empujar de más. La gran avenida, convertida ahora en velódromo, terminaba en cerrada, a sólo una cuadra con dirección al sur; no había vehículos que sortear a la vista, salvo algunos que doblaban ocasionalmente a la colonia del Periodista, tranquila y ajena a situaciones extraordinarias, como sucedía entonces en muchos lugares de la ciudad donde, por raro que pareciera, reinaba la paz.

Un día, de pronto, la paz de la colonia se vio interrumpida por unos gritos. La abuela salió para asomarse. Nosotros, al seguirla tuvimos que regresar por órdenes de ella. "¡Son los estudiantes, los estudiantes!", la abuela repetía alarmada. Llegaban tiempos violentos en la ciudad. El año: 1968.

Uno de mis tíos, José Luís, habitante de la casa familiar, y a quien le debo la preocupación de conseguir empleo, llegaba a menudo con noticias, casi siempre a favor de los estudiantes, dada su condición de trabajador activo de la compañía de Luz y Fuerza, en Cables Subterráneos de la Ciudad de México. A menudo llegaba a contar la anécdota del día en la ciudad, ahora agitada por ese movimiento.

En alguna ocasión, habrían cerrado el portón del taller en la avenida Vértiz, cuando policías uniformados y civiles perseguían a unos estudiantes que se refugiaron en el lugar. Los trabajadores protegieron a los estudiantes y pidieron la presencia de su secretario general ante la agresión de las fuerzas del orden y el intento de allanamiento a las instalaciones vitales para la distribución de energía de la ciudad; ante la situación alarmante, se cerraron las puertas y amenazaron con parar la planta. Gracias al diálogo del secretario general, Palomino, se retiraron los policías y los trabajadores se aseguraron de poner a buen resguardo al grupo de perseguidos. Ahora, los estudiantes eran el peligro para la sociedad que antes, jamás tocada por fuerzas extrañas, veía rota su tranquilidad.

Cuando estuve en sexto año de primaria, en Azcapotzalco, un estudiante de nombre Carlos, visiblemente mayor para el grado y la escuela, que según se entendía, no admitía alumnos repetidores en el turno matutino, se rodeaba de chicos a la hora del recreo. Nos contaba que uno de sus hermanos participaba en una protesta en el Casco de Santo Tomás, en las instalaciones del Instituto Politécnico Nacional, cuando "los halcones" atacaron a estudiantes que protestaban afuera del metro Normal, entre San Cosme y la colonia Santa Julia.

Carlos decía que su hermano había escapado gracias a que se ocultó bajo un automóvil, porque los halcones perseguían a los estudiantes para arrestarlos. Tardé años en entender que a las juventudes revolucionarias reivindicadoras de derechos se les perseguía como aliados del comunismo, con el entrenamiento de paramilitares

mexicanos preparados con crueldad en escuelas estadounidenses, con el fin de extinguirles físicamente, matarlos,
desaparecerlos, y evitar que su ideología permeara entre
los jóvenes como una búsqueda de caudillajes al estilo
guerrillero fidelista y guevarista, que apostaban por la
formación de los ejércitos del pueblo, también conocidos
como guerrillas urbanas, que combatían al ejército institucional, protector, con sus armas y legalidad, del monopolio
de la violencia del Estado, para protección del modelo
imperialista impuesto. Comenzaba con la década de los
años 70. La guerra secreta, la contracara de la "apertura
democrática" de Echeverría; quien, no obstante, brindaba
asilo a los comunistas chilenos perseguidos por el dictador
Augusto Pinochet.

Así fueron esos años en que los jóvenes aprendíamos
que el dominio imperialista, ideológico y cultural, era
inevitable[20], y que, ahora, todo trabajo político sólo tenía
una vía: la clandestinidad.

3

AL OTRO LADO DEL MUNDO

¿QUE EXISTÍA TRAS UNA CIUDAD AMURALLADA EN PLENO SIGLO XX Y QUÉ EXISTE AHORA?

No se trataba simplemente de una emigrada de Xochimilco al sur de la Ciudad de México, Angélica, mi amiga, a muy temprana edad, salió hacia el mundo; su atractivo físico y fortaleza la ubicaron, a los 19 años, en la zona turística de Machu Picchu. Un turista alemán la conoció y quedó prendado al verla, luego de que ella regresaba de un viaje a Sao Paulo y Buenos Aires, costeado con lo que le quedaba de recursos que había ahorrado de su primer empleo como traductora de idiomas.

Fue así que el destino la colocó en Berlín, en un sector cercado por una kilométrica barda circundante, casada con el alemán que regresaba por sus fueros, y conservando la tradición judía alemana, desplazada luego del conflicto armado finalizado en el año 1945 en Europa.

Otro ladrillo en la pared

En esa ciudad, la cicatriz quedaba abierta en la Alemania dividida en el límite de, prácticamente, dos continentes, cuyo centro neurálgico era precisamente Berlín, ocupada en aquel año de 1945 por las fuerzas soviéticas de Stalin, que implantaron a partir de ese punto y sus extremos norte-sur, el nuevo imperio comunista que partía en dos a la Europa de la posguerra.

Era Berlín una ciudad, virtualmente un distrito, delegación territorial, un pequeño pedazo de ciudad que contaba con aeropuerto y servicios, donde los habitantes de un Berlín Occidental gozaban de todas las conexiones materiales y culturales del modelo implantado en el occidente de Europa por la otra potencia antagónica, Estados Unidos, que invitaba a los valores del consumo y el mercado, en contraste con lo que sucedía fuera de una barda circundante, en donde había formas de organización, colectivas, culturales, compartiendo el modelo socialista que proveía de los bienes necesarios de alimentación, vivienda, educación a la gran mayoría, pero sin la oferta y libertades que se vivían en lo que paradójicamente estaba "encerrado".

Angélica estaba acostumbrada a ir y venir, junto con sus hijas, como ciudadana que podía viajar y pasear por el mundo con su esposo y, dada la actividad laboral de éste, fueron a vivir a Barcelona cuando su pequeña hija tenía unos cinco años, no daba crédito a lo que veían y escuchaban en la televisión. En el contexto internacional, los intentos desestabilizadores en Europa oriental se habían iniciado por la llegada de un Papa, dirigente mundial de la iglesia católica nacido en Polonia, país realmente aliado de Inglaterra que previamente provocó la Segunda Guerra Mundial contra Alemania por su defensa y que, no obstante, al triunfo de los aliados, hubo de ser sacrificada y entregada por Winston Churchill a Stalin, con tal de acabar con la expansión alemana del tercer *Reich* de Hitler.

El Papa Karol Wojtyla trazó una velada alianza a mediados de la década de los 80 con la primera ministra conservadora, Margaret Thatcher, en Londres. También, dicho acuerdo contemplaba al exactor de Hollywood, llegado a la presidencia de Estados Unidos por el conservador Partido Republicano, Ronald Reagan. Además, en dicha alianza pudo estar involucrado un tristemente destacado sacerdote mexicano, conocido como Marcial Maciel, quien llevaba donativos millonarios y equipos de telefonía satelital a Polonia por medio de una asociación clerical educativa mexicana, con sede en el Vaticano y Varsovia: los Legionarios de Cristo. Esta alianza y mezcla de personajes logró trazar una cuarteadura de países controlados desde el fin de la Segunda Guerra Mundial por el bloque soviético establecido en la Europa Oriental de la posguerra.

Toda la santa conspiración de esta trinidad en contra de un bloque de países aliados y alineados con la entonces Unión de Repúblicas Socialistas Soviéticas (URSS), vio desmoronarse la viabilidad del modelo socialista marxista, con la llegada al mando de la poderosa nación socialista de Mijaíl Gorbachov, un secretario general del máximo órgano de gobierno en esa nación, dispuesto a reformar una insostenible competencia económica con los países de mercado, potencias aliadas de Estados Unidos y satélites aliados, que hicieron que poco a poco la influencia soviética los fuera dejando al libre ejercicio de sus fuerzas internas, no sin dejar sembrado un modelo de alianza con las nacientes republicas que decidían separarse, como fueron años después; Checoslovaquia, dividida en tres países, o Yugoslavia, que desapareció de un día para otro y originó una sangrienta guerra en el corazón de Europa en tiempos de paz.

Entonces, la influencia llegó a la Alemania dividida, con una parte de la antigua capital, Berlín, rodeada por una barda que asemejaba una instalación de penitenciaria, y que duró en funciones de frontera hemisférica durante 27 años.

Un día de verano, posterior a una arenga del presidente de Estados Unidos, Ronald Reagan frente a lo que se conoce en Berlín como el *Check Point Charlie*, la aduana que permitía el paso de un lado al otro a los del Berlín Cercado, pero no a los del Berlín, ciudad, y que frente al líder de la todavía, Unión Soviética, Mijaíl Gorbachov, le pidió: "Derribe ese muro"; los ciudadanos alemanes se agruparon en ambos lados del muro. Meses después, una mala interpretación de una instrucción televisada hizo que los ciudadanos por fin cruzaran la línea de concreto y se abrieran de par en par las contadas puertas que permitían solamente el paso autorizado. Ahora, los ciudadanos tomaban instrumentos de albañilería, mazos y hasta martillos pequeños para derribar ese mundo de paredes.

Por otra parte, en Barcelona, Angélica, en compañía de su familia, pensaba que era una más de las varias intentonas de diálogo entre dos naciones que asumían históricamente que no eran una sola. ¿Y ahora cómo regresar a casa en Berlín cuando ya cambiaron las cosas, para una familia mexicana, judía y alemana? Así fue. Apenas y lo notó, me cuenta.

Un día de vacaciones fui a verle. Amiga más entrañable de mi amiga con la que paseo, que además es mi esposa, cuando emprendí mi retiro construido un patrimonio, solventados los gastos de infancia de los pequeños hijos ya crecidos, se pudo emprender el resto del viaje a través de la historia, *in situ* y sin preocupaciones[21].

Seguidor de la historia y hazañas de aquella feroz batalla europea que duró casi una década —en que se hizo ver a la Alemania como el *demonio* mundial—, se presentó al fin la oportunidad de pisar esa tierra sembrada de sangre, pólvora y poder, desde el hombre de Neandertal,

[21] Para el caso de la interpretación subliminal de la exitosa saga de películas norteamericanas llamada La guerra de las galaxias, los oscuros contra los iluminados en el futuro, George Lucas, su autor, ha reconocido el mensaje introducido de la novela montada sobre el suceso de la Segunda Guerra Mundial, cuando los oscuros pudieron apoderarse de la forma de vida reinante en el mundo.

que descansa en una exhibición permanente dentro del Museo de Historia Natural de Berlín[22].

---

[22] Aunque Estados Unidos es un imperio, tiene su origen cultural predominante en la cultura inglesa, por obvias razones, entre las que sobresale el idioma que comparten. No obstante, el imperio predominante en función de la globalidad territorialidad sobre el resto del mundo es el Reino Unido, sobre el que flota la Corona inglesa de Isabel II de Inglaterra, y el cual se extiende más allá de las fronteras de la Isla Británica... hasta Australia, Canadá y Belice, vecinos de México, Bahamas; un sinfín de islas por los Océanos, Irlanda con todo y su parte sometida, Escocia, Islandia, y varios países de África, incluida Sudáfrica, sin dejar de incluir los países educados por la antigua colonia inglesa, a donde los autos circulan en sentido contrario del estilo americano: India, China, apenas en el año 2001 devolvieron Hong-Kong porque no se los vendió el mandarín, se los alquiló hasta esa fecha, en aquella atroz Guerra del Opio; Singapur, Indonesia y Birmania, hoy Myanmar. También influyeron en Japón. A su vez, el imperio inglés de la posguerra creó las divisiones de naciones en sus excolonias del Medio Oriente, de donde se abastecen de petróleo: Irak, Emiratos Árabes Unidos, Qatar; Kuwait, Omán, tierras que cedieron a jeques que dominaban la zona a cambio de ser amigos eternos... Eso es imperio. Estados Unidos niega su origen inglés predominante en cultura e idioma, por que disienten religiosamente de la iglesia anglicana, se manifiestan predominantemente protestantes, y no súbditos de la Reina, simpatizantes, renegados, como los mexicanos de los españoles, de quienes hemos heredado los mexicanos: cultura, música, gastronomía, y hasta la arraigada creencia religiosa católica. Los norteamericanos son republicanos y no se aceptan como súbditos de la Corona inglesa, ni los mexicanos se consideran súbditos de la Corona española.

4

ALEMANIA SE MOFA DE LO QUE FUE LA OTRA ALEMANIA

L legamos una fría mañana de primavera, con viento congelante y a tres grados, temperatura que para habitantes de tierras tropicales, calurosas y templadas, es criminal. Luego de cuatro horas procedentes de Bruselas, a bordo de un tren dormitorio de triple litera-camastro, en el que todo se puede menos dormir, durante las únicas cuatro horas de oscuridad que permite ese extremo del planeta por esas fechas, llegamos a la muy interesante Berlín del siglo XXI.

Tenía una cursi obsesión por contribuir a destruir esa barda (cicatriz) que hacía posible la increíble separación de toda una nación y un continente, como resultado de los errores de cálculo del propio líder y guía que los llevó al extremo; primero, del gozo y el poder; luego, a la mayor de las vergüenzas.

No sólo eso, también el planeta tierra que hoy conocemos tenía un enorme meridiano que abarcaba del sur hasta casi la línea ecuatorial que dividía al mundo en gajos: primer mundo —nunca se aclaró el segundo—, pero se entiende que es el que iniciaba en Meridiano y Paralelo Berlín, donde una pared separaba dos estilos de organización social desde el fin de la Segunda Guerra Mundial en 1945 y, al perecer no desaparecería, sólo abarcaba el círculo de una parte de la capital alemana antes de la guerra: nadie pasaba de oriente a occidente, pero sí de occidente a oriente con regreso.

Pero lo que pudiera considerarse la última frontera global hasta 1988, para el año 2013 no era sino el reflejo folclórico de un mundo que llegó al extremo de tener durante varios días, en 1961, soldados norteamericanos y soviéticos apuntando a unos metros de distancia, sin bajar las armas, en espera de que uno de los presidentes, ya fuese el soviético Nikita Kruschev o el norteamericano John F. Kennedy, diera la orden de disparar y desatar con ello lo que hubiera sido la Tercera Guerra Mundial y la primera atómica.

En el hoy museo *Check Point Charly* de Berlín, se pueden apreciar las gráficas de ese episodio de 1961, donde los soldados muestran ojeras y sueño extremo, sin bajar el arma por la orden dada y no restringida de "¡Apunten!" Una siguiente escala de orden venida desde los despachos presidenciales también pudieron desatar esa conflagración mundial: "¡Fuego!" En Berlín, ese año, ambas órdenes hubieran sido la ruptura del límite que destruiría la vida en buena parte del planeta.

Al llegar a Berlín, era imposible comunicarse dada la diferencia de códigos, y a que la bella acompañante tenía un número que sólo después de varios intentos en ese frío congelante y sol que apenas calienta como lamparita muy lejana, descontamos dígitos del inicio en el marcado y logramos reportarnos por teléfono con la amiga de mi esposa, Angélica.

—¿De qué lado están?, contestó al fin nuestra amiga

—En la estación de trenes de Berlín, desde cuya plataforma se aprecia el *Reichstag*[23].

—Salida a la Plaza Washington.

—¡¿Que?!

—Salida a Plaza Washington, al lado del Reichstag.

—¡¿Estás seguro que estás en Berlín?!

—Sííí

—Voy a ver si te encuentro...

Al llegar, luego de los abrazos...porque nos queremos, le muestro el letrero de la salida: "Plaza Washington".

—No sabía que le habían puesto así a este lugar. Contestó.

Hay algo en esa ciudad que recuerda la cuestión no resuelta. El metro es de los más antiguos del mundo en su parte primaria, se extiende por su ampliada red con trenes modernos interestatales, convoyes de hasta dos pisos. En la parte más antigua, se usaba que, al atravesar a la zona oriental de la ciudad, los pasajeros debían descender y mostrar su pasaporte o documento de identidad.

---

[23] El edificio del Reichstag en Berlín ha sido reconstruido dos veces. Su apariencia es igual a la primera original.

No hay más de eso. Se conserva una de las cúpulas de un templo estilo gótico casi destruido por los impactos de las artillerías que ahí se confrontaron hace apenas 60 años, a punto de caer, y al que un moderno edificio de 35 pisos cubre con un ángulo de su propia estructura.

Algunos se preguntan por qué no lo han tirado y alguien responde:

—Para que no lo olviden.

En algunas zonas de la ciudad, se conservan tramos de muro que resguardan ese pedazo de historia, pero que han reclamado los predios por los descendientes de los antiguos propietarios —herederos— o; por ejemplo, por el propio ayuntamiento. La tentativa de derruirlos ha quedado en eso, ya que los habitantes se oponen. Igualmente, "para no olvidar". Y la ciudad ridículamente dividida por una pared puede ser presentada a los escasos nuevos alemanes, ya que se ha reducido el índice de natalidad en toda Alemania.

La calle está dividida por el muro donde se venden souvenirs de la Guerra Fría, y se muestra el memorial a las víctimas acribilladas desde el Este por intentar cruzar hacia el Oeste, con los grandes momentos de Kennedy y Reagan, frente a la aduana del *Check Point Charly*, hoy una calle que pude atravesar al menos diez veces sin que alguien me lo impidiera. Así como venden pedazos de muro como souvenir, sin que uno sepa a ciencia cierta si provienen de ahí, yo fui al lugar donde, guiado por mi amiga, pude desprender un pequeño pedazo de ignominia e insensatez, que aún conservo como uno de mis mayores trofeos.

Pero lo más sensacional ocurrió cuando mi amiga me anunció que estaba invitado a la fiesta de cumpleaños de su pareja "el Cinta Negra" Tomás, tal vez un poco menor de edad que nosotros, pero, sin duda, miembro de la generación del Berlín amurallado y post-muro. Así como yo.

Frío, frío

En la calle, los alemanes se ven enojados, serios, el encuentro de las dos Alemanias se ha asimilado, pero con cierta nostalgia. Bicicletas encadenadas desde el día de la caída del muro cerca de las estaciones del metro, con la cadena sujetadora y los rayos de las ruedas oxidados por el abandono de casi 26 años, respetado como mudo testigo de lo que fue. Nadie las ha retirado porque a los dueños ya no les interesó regresar por ellas, pero les siguen perteneciendo, por si volvieran algún día. En el antes Berlín Oriental, continúan llaves clavadas en los árboles en señal de la vivienda abandonada, a la que nunca se regresó; oportunidad incomparable el conocer alemanes del Berlín unificado.

Pasamos la calle después de descender el subterráneo que, por cierto, me sorprendió que carezca de torniquetes de acceso, ya que es posible ingresar y abordar sin que nadie lo impida.

—¿Y para qué las taquillas y la venta de boletos, entonces?

—Para comprar tu pasaje. Si de pronto un inspector se sube a tu vagón y no traes boleto vigente, se te impone una multa de 40 euros.

Qué lejos estamos de la cultura nacional en la que estas situaciones serían aprovechadas al máximo, pues por acá en la tierra del nopal, "el más chimuelo masca tuercas y el más tullido es trapecista". Aquí sí que se controlan solos los ciudadanos.

Es inútil especular en qué parte de la ciudad me encontraba, sólo recuerdo haber abordado el clásico tren amarillo con magenta, muy distintivo de la metrópoli alemana, y haber trasbordado una vez, bajando de una línea elevada. El metro berlinés tuvo que ser reconstruido después de la Segunda Guerra Mundial, ya que fue bombardeado sin cuartel.

Estábamos en algún lugar de esa ciudad convertida en multifamiliares por el régimen socialista, y no recuerdo la zona o colonia porque me llevaban y traían en medio de la conversación de mi amiga, feliz de poder expresarse en su idioma natal y con tanto qué decir. Una vez en el condominio que habitaba el festejado Tomás, éste salió a verificar el horario del autobús urbano público que pasaba en la avenida cercana a su casa, justo frente a un enorme jardín público, con árboles y puentes sobre riachuelos, ardillas y tupido follaje.

Siempre llovía, aunque fuese un rato; ya era primavera, y de cuando en cuando salía el sol, húmedo y luego frío. Semanas antes todavía había hielo en las calles, que en ocasiones resultaba en múltiples fracturas y resbalones de los berlineses. El hielo se había ido, pero de pronto se transparentaba y, por ello, había el riesgo de caer. Al momento en que llegaba el autobús (puntual de acuerdo con la pizarra fija de la parada), una mujer muy alta estaba ahí para verificar la vigencia del pase y conducía la pesada unidad de pasajeros.

Nuestros anfitriones habían alquilado un salón con capacidad de unas 50 personas en un centro social cercano; nos agasajaban con una fina mezcla de carnes frías, embutidos, exquisitos panes y, sobre todo, gran variedad de quesos, por lo que solía dar dos o tres vueltas por las mesas. En un privado que servía de bar, había dos, tres o cuatro botellas de licores de whisky escocés y whiskey americano, además de vodkas. Mesas y bares atascados a discreción. Lo más grato fue la oportunidad de convivir con ciudadanos alemanes de esa simbólica ciudad, testigo de lo mejor y lo peor que ha podido vivir la humanidad, y en este caso, de aquellos que habían vivido con la dualidad de la Guerra Fría en una ciudad sitiada, cercada en un país del que formaba parte mi amiga, extranjera en teutonas tierras.

No me chinglés…

Quería oírles, sin la limitante del diferendo de idioma y sin molestar a mi bella amiga ocupada de las amistades de Tomás, así que lo mejor fue aceptar el interés de algunos de ellos por querer expresarse en inglés. Algunos de ellos querían practicar y yo, el preguntón investigador, quería saber. Fue grato el tema del fútbol, que conozco, domino y he practicado a nivel amateur. Ese fue el pretexto para conversar sin preguntar sobre la vida detrás del muro y luego de su derrumbe que, de suerte, llegó solo. Uno de ellos, el mismo día en que Bayern, Múnich, jugó contra Dormund Leverkusen la final del torneo Champions de la UEFA 2013; inició la conversación conmigo en inglés, ya que, al caer el muro, vio la oportunidad de reclutarse en el Manchester United, de Inglaterra:

—El club abre en verano una convocatoria a todo aquél que quiera probarse en el equipo, ya que se consideraba su fiel seguidor. Me dijo.

Supongo que sus aspiraciones nacieron cuando existía la *cortina de hierro*. ¿Cómo se enteraría del torneo europeo en un Estado que se encuentra en conflicto con el pensamiento occidental?, ¿por qué el interés en el idioma inglés que dominaba tanto como yo (aunque con carencias de vocabulario pero que permitía entendernos)?

Me contó que, una vez abierto el muro, dejó todo y, como pudo, llegó a Manchester City, ya que él era el más destacado en su barrio, ocupaba la posición de lateral (carrilero), veloz y hábil con las piernas en el *dribling*. Tenía 28 años, sus amigos lo alentaron y no lo pensó. Fue, vio, probó, pero fracasó. En esas estábamos cuando una dama rubicunda talla grande estalló de júbilo.

—¡Ganó el Bayern!

Múnich, ciudad que emblematiza ese equipo, se encuentra en la Zona Bávara, de la cual era parte la anteriormente llamada Alemania Occidental, mientras que estábamos en Berlín exoriental. Era paradójico que una berlinesa estuviera favor de un equipo emblemático de la zona occidental.

Cuando iba a reabastecer la bebida, hizo acto de presencia el imbécil acosador, haciendo burla de mi persona, aunque yo no entendía. Le molestaba mi chamarra color verde de corte militar y mi pantalón de mezclilla; también el haber llegado con impermeable ante la constante lluvia transparente y cortante para mi gusto. Por los gestos, detectaba que me veían extravagante, ya que ellos iban bien vestidos. Ante la desconexión de idioma, yo no comprendía la razón de sus risotadas junto al grupo de alcoholizados que le rodeaban, me acerqué y les dije en español:

—Se que te ríes y me vale madre, si no te gusta mi ropa no me importa…

Tantas veces como fui a reabastecer bebida, lo topé y acabó por volverse chusco el pasar y verlo, fuera de eso nada más. La presencia de mi bella compañera nos mantenía en alerta, y un grupo de alemanes gigantes rodeaba su pequeña figura. Ignoraba yo si acaso ella se daba a entender, aunque aseguraría que se le dificulta y es mínimo su uso del inglés, pero comprendía lo suficiente como parar saber exactamente que uno de ellos, muy joven, mas latino que sajón, era padre de tres hijos y se encontraba muy interesado en el diálogo que ya se prolongaba por espacio de una hora.

Todavía más sorprendente fue el melenudo, maduro, de bigote largo y tupido que estaba justo detrás de mí, de tal suerte que contemplaba con balanceos de cara y mirada las expresiones de mi compañera, sentado al revés de la silla recargado en el respaldo, detenidos en codos sus brazos, casi babeando. Había llegado en una genuina *Harley Davidson* de modelo un tanto atrasado. No perdió detalle ni movimiento de ella, torciendo y meneando la cabeza cual giro circular detenido a 45 grados, hasta que llegó el momento de la despedida. ¿Que admiraba o imaginaba de ella?

Salimos bajo una llovizna imparable de primavera, cuando la noche dura apenas seis horas en medio de las calles tranquilas, entre las unidades habitacionales de la Berlín exoriental.

Al buen Tomás tampoco le gustaba mi vestimenta, mucho menos el impermeable que compré a unos paquistaníes en la Plaza Alexander, pero no me gusta mojarme la ropa y a él poco le importaba. Así que, gracias a su amiga, la que le alquiló la sala de fiestas que estaba cerca de su apartamento, pudimos tener refugio el resto de la noche en un confortable apartamento de recámara y estancia en la planta baja de una casa duplex, donde pasamos la noche.

Por la mañana, Tomás nos preparó un delicioso café "estilo ruso", que consistía en café molido medio, disuelto en bruto en un tazón como para servir cereal. El café se asienta y es delicioso. De igual forma, nos sirvieron un huevo cocido montado en "portahuevos". Mi amiga insistió con discreción en no destrozar la cáscara, sino retirarla con delicadeza, puesto que "era mal visto".

Recuerdo que en la charla de bienvenida, días antes, le había mencionado a mi querida amiga sobre un par de cervecerías gigantes que visité en Londres, donde despachaban cervezas "de todo el mundo", dije; recordé la carcajada genuina de un gigantón rubicundo y corpulento de casi dos metros, al señalarme en *germanglish* que sólo en la ex-Alemania del Este había más de tres mil marcas registradas en el mercado. Así que me llevó nada más y nada menos que seis de las mejores cervezas que él conoce, a las cuales hubo que rendirles toda clase de honores. Recuerdo la degustación de al menos un par de cervezas cuyo amargor guardo en la memoria.

Buscaba la forma de *puntillarlo* al cuestionarle cómo se han adaptado las cervezas al mercado, habiendo sido criados en el socialismo más estricto, sobre todo, en el terreno natal de Carlos Marx (hoy se llamaría *chairismo, de chairo, chaquetero,* en buen caló mexicano urbano de las redes sociales, se entiende como cambiar de bando).

Tuve que hacerlo de forma directa así que amable, refirió:

—No me agrada del todo la actual situación. Alcanza para todo, pero no para más. Es un régimen de competencia, sin objetivos como los que teníamos en la industria de la otra Alemania. Además de que nos enseñaron a ser más "librepensadores" que los de aquí. Y sí, extraño mi barrio de niño, mi escuela y los excelentes maestros que, por serlo, vivían bien, pero hoy, ni aquí ni allá, nadie los respeta, y les pagan mal.

Sorprendente. Creo que el crisol de estos nuevos hijos de Alemania integrados como la misma primera ministra Angela Merkel, son un ejemplo del enriquecimiento cultural de esta nación que resurge de las cenizas, de la generación de la posguerra y también del coloniaje norteamericano, heredado a mi nación por la incesante propaganda del cercano imperio estadounidense, que fue el ganador de la Segunda Guerra Mundial. Se tiene a los alemanes pintados de villanaje y estigmatizados por las secuelas que dejó la aventura bélica de sus antecesores.

Pude notar en más de uno de esos rostros que aún digieren los saldos de la Guerra Fría, la entrada de lleno al mundo triunfante, después de los conflictos bélicos. Me llevé de Berlín los empellones y maltratos a mi joven compañera, de la cual no distinguían su nacionalidad ni sus propósitos en este constante mundo acosado por el terrorismo.

Escoltada desde su asiento por un par de policías, una mujer y un hombre enormes, que se le pararon uno en cada costado; estaba ella sentada y, después le acompañaron hasta la línea de abordar, donde le quitaron todo y además llevaron a revisar sus botitas, que arrojaron lejos de donde ella aguardaba, al margen de eso, fueron deliciosas las galletitas que nos invitaron en un café *Kossier*, cercano al Domo de Berlín, por el sólo hecho de preguntarnos de donde éramos.

—Somos de México.

Nos dieron otra deliciosa galletita de cortesía, y una figurita de espuma en el café.

México lindo y querido, si muero en mero Berlín...

5

DEL CHOPO A CHICAGO POR NECE-SIDAD Y POR LA PRIVATIZACIÓN DE LA EMPRESA PARAESTATAL

¿Cuál será la razón por la que se nos ocultó a toda una generación el episodio de "El Álamo", ocurrido en 1838 en San Antonio, Texas, hoy Estados Unidos? En buena medida, explica la actual realidad de una enorme cantidad de habitantes mexicanos del lado estadounidense, y la tendencia al modelo ya gastado del *American way of life*, que con el devenir histórico nos situó en la realidad de los *mexicoamericanos*, una población de millones que habita lo mismo en los Estados Unidos que en México.

Memorias de la migración

Juventino vive en Chicago y llegó de visita a México. Durante muchos años estuvo como ilegal; se dice que los amigos cercanos son los hermanos que uno se busca, seguramente más cercanos a mis hermanos han sido mis amigos y por alguna razón dos de mis cercanos, ahora son ciudadanos norteamericanos.

Cuando Miguel de la Madrid, auspiciado por Carlos Salinas de Gortari, decidió "desincorporar" la industria paraestatal, por resultar un "lastre", debido a que "extrañamente" no generaba ganancias, nos quisieron ver la cara de inocentes, porque las empresas del Estado existen para cubrir la demanda de la población mayoritaria. Son empresas de carácter social que permiten el acceso a bienes y servicios que contribuyen a que el costo social sea menor y no termine en revueltas por falta de recursos. En una de esas empresas llamada Nutrimex, laboraba mi amigo en cuestión. El director era hijo del gran periodista Julio Scherer García, y fue quien liquidó dicha empresa.

Con ello, Juventino pasó a formar parte de la estadística de los desempleados, con lo que tuvo que buscar otra fuente de ingresos, porque el hambre no espera y la necesidad tiene cara de hereje. Mi cuate había trabajado en la empresa en cuestión vendiendo la soya texturizada que salvó a infinidad de mesas mexicanas cuando esos productos hechos por el estímulo del Estado a pequeños productores de la fibra obtenida del cereal, no eran del todo conocidos. Privilegiados por su cercana amistad, mi amigo del alma nos invitaba eventualmente a comer bacalao estilo Vizcaíno, a base de una mezcla de atún y soya, con aceitunas que reproducían fielmente el sabor de un genuino bacalao. Quebró su fuente laboral.

Él había ingresado al comercio ambulante en el tianguis de El Chopo, en la capital mexicana durante 1985, en su cuarta etapa[24].

Inicialmente, el tianguis había sido resultado de una iniciativa de Ángeles Mastretta, directora del Museo del Chopo que en 1981 abrió las puertas del museo para promover el intercambio cultural consistente en el trueque de libros, discos y objetos personales entre particulares.

Sin embargo, esta fuente laboral informal dejó de aportar el ingreso suficiente para la comida de sus dos hijos. Su padre, que había vivido décadas en Chicago y visitaba eventualmente tanto la Ciudad de México como Zacatecas, su entidad natal, había dejado el país desde los años 50 para irse de bracero al otro lado. Un día le llamó y le dijo:

—Hay oportunidad aquí donde trabajo, vente.

Y así, con pasaporte y visa de ingreso al país del norte, Juventino llegó para regresar a los dos años por su familia —como ilegales— y, desde 1989, se instaló en Aurora, uno de los suburbios aledaños a la ciudad de "Chicago, Illinois", como diría el gran Tin Tán.

La última ocasión que lo vi fue cuando regresó con su esposa para que ésta visitara a su familia. Me contó que trabajó mucho tiempo como mesero, tanto de un restau-

---

[24] El tianguis se inició el 4 de octubre de 1980, con la idea de que, durante ese mes, se realizarían actividades; sin embargo, fue tal el éxito que se prolongó dos años dentro del museo. Luego de una serie de problemas, el tianguis se ubicó fuera del museo, en la calle por espacio de varios años, hasta que se reubicó un tiempo en la calle Guillermo Prieto, en la misma colonia San Rafael, para luego irse a la colonia San Simón Atlampa y, finalmente, en la colonia Guerrero, donde el lugar tiene ya más de treinta años ahí.

rante, como en eventos que se organizaban para banquetes y hoteles de la gran metrópoli; en una ocasión, junto con el resto de mexicanos y un patrón gringo de origen salvadoreño, que maltrataba con saña al personal identificado con los rasgos de ilegal mexicano típico, amenazaba veladamente con entregarlos a la *migra*, si no desempeñaban bien sus exigencias, a veces extremas de tiempo, acelerándolos cual militar a sus soldados. Una de esas ocasiones en las que la ofensa del capataz rebasó los límites de Ángel —cuyo gusto se inclinaba por el delicado deporte del boxeo—, quien respondió ante una arenga poco sutil: "¡Muévete, chaparrito!"

Ángel soltó la carga de cajas de refresco, se volvió y le tundió tal golpiza que hizo huir al capataz para darle salida al rencor acumulado. Una vez tranquilo, Ángel temió que se cumplieran las amenazas, y que lo denunciaran con la policía de migración que, con toda seguridad, lo deportaría.

Pero mi buen amigo siempre ha sido muy astuto, y al día siguiente, cuando el capataz preguntó por Ángel, Juventino ya le había encontrado su destino.

—Que ni te encuentre, no lo conoces, es profesional del boxeo, pero si lo denuncias, o se da cuenta de que lo vas a hacer, quieres, o simplemente le hablas al tiro, va por ti, te saca de tu casa y te madrea, valiéndole madres lo que pueda pasar. No, si el chaparrito, como le dices, es bien tremendo y entrón, no hay quién lo pare.

Juventino exageraba, pero funcionó, y el capataz no regresó al empleo, incluso, huyó de la ciudad con su familia. A partir de entonces, las cosas funcionaron mejor en el equipo de meseros.

Después de diversos empleos, Juventino se ha establecido como ciudadano de Estados Unidos desde el año 2001. Sus hijos, y aún sus padres, lograron ser reconocidos como trabajadores migrantes. Los mayores están jubilados allá por sus aportaciones de toda la vida al Seguro Social. En 2006, Juventino participó como "jurado" de un caso, citado por la corte de la ciudad, invitación que sólo se hace a ciudadanos conocidos por su honorabilidad y cumplimiento de las normas que rigen a ese país.

Juventino manifestó que le hubiera gustado opinar como ciudadano, no respecto a una compañía de origen hindú, en la que una de sus funcionarias fue acusada de haber raptado una licencia de software para alguna transacción de una compañía de componentes electrónicos, que había reportado millones de dólares en ganancias, y estructura; Juventino lamentaba en su relato que no hubiera sido el caso de uno de los muchos mexicanos que habitan ahí. La mayoría, sólo dedicados a "chambas", según su folclórico punto de vista.

Ahora, Juventino es dueño de un vehículo de alquiler, taxi propio que maneja con un grupo de choferes por turno de algún garaje del Condado de Aurora, Illinois, conurbado con Chicago. Además, cuenta con clientela puntual y a su gusto. Luego de que una de sus hijas se graduara como psicóloga y con familia propia y trabajo, vive de acuerdo con un nivel medio de los Estados Unidos, ha conseguido ingresos fijos suficientes para habitar como ciudadano estadounidense. Su hijo, aún titubeante en su decisión de empleo, cuenta con carrera universitaria y está en el camino para desenvolverse como ciudano medio en esa ciudad.

Gracias a la magia de las redes sociales y de amigos comunes, recuperé su amistad, nunca extinta. Recuerdo que, pocos meses después de partir, me habló de la gran sorpresa que le tocó al enfrentar uno de los tiempos más fríos que se puedan sentir en el continente, y de haber quedado atrapado en su auto bajo la nieve a menos 20 grados centígrados, refugiado en el interior del vehículo. Selló todo y logró superar el fuerte temporal; agotó la batería del auto con la calefacción hasta que las condiciones le permitieron regresar no muy lejos de su casa.

Cuando lo encontré nuevamente, hubo oportunidad de charlar y visitar Tepoztlán al sur de la Ciudad de México, en el estado de Morelos, con el bello paisaje de los peñones que le rodean. Disfrutamos comida prehispánica en "El Tlacuil", para después visitar la finca de una amiga científica que produce sus artículos alimenticios y curativos orgánicos, quien nos regaló docenas de limones tirados en sus huertos, luego compró todas las granadas que nos ofreció una joven comerciante ambulante y pasamos a la cabaña que tiene Ruth, justo al momento en que llegaba de ir por sus compras al pueblo, tal vez unos dos kilómetros por una brecha boscosa y medio habitada. Luego, pudo reposar en una hamaca instalada en la finca de una amiga que siempre nos brinda la oportunidad de disfrutar su pequeño hotel que renta vía Internet, la más preciosa finca que conozco cerca de casa.

Paréntesis: David

Lo invitaron a un importante compromiso familiar en Salvatierra, Guanajuato. Su situación migratoria ilegal podría considerarse un grave impedimento para evitar que, ya estando "del otro lado", corriera el riesgo de salir, aunque con dificultades para volver a ingresar. Pero no. Esta vez pasó a saludar porque ya ha venido otras veces...

—¿Cómo harás para regresar a tu trabajo, casa y familiares que se quedan, mientras estás por acá?

—Ah..., pos igual, yo sé por dónde entrar...

Santana, Selena y anexas tierras

Y viene a cuento por aquel episodio plagado de recovecos de la narrativa oficial de la historia de México que se enseñaba en la escuela, donde un importante episodio se pasa por alto, sin recuperar la esencia de cómo el acontecimiento de la separación de Texas, a partir de la toma de "El Álamo", inició el camino para la posterior guerra de intervención de 1947, cuando México perdió por la guerra con Estados Unidos, más de la mitad de su territorio, pero conservando los nombres originales de la Nueva España en grandes ciudades como: San Francisco y Los Ángeles en California hasta San Antonio y Corpus Christi en Texas, lugar original de la estrella del Tex-Mex, Selena, quien saltó a la fama realizado el *sueño americano* y, ahora, es emblemática de la región. Luego de su muerte, la población de su ciudad natal decretó la fecha de su fatal fallecimiento como el "Día de Selena", en su honor[25].

---

[25] Selena Quintanilla, la exitosa cantante de padres mexicanos establecidos en Estados Unidos, generalmente interpretó sus éxitos en idioma español, primero. Falleció cuando ya mudaba hacia el pop en inglés y, así, habría

Por otra parte, la historia ha soslayado aquel despojo en grande, negociado por un proscrito exgobernador de Tennessee, en Estados Unidos, Samuel Houston, en alianza que confluyó con Stephen F. Austin, banquero de Virginia, poseedor de fincas en Misuri y un grupo de ambiciosos exgranjeros, esclavistas y congresistas de oposición en Estados Unidos, quienes se lanzaron a la aventura de desafiar la orden de desalojo dictada por Antonio López de Santa Anna.

Dicho personaje, aterrado por las posturas cada vez más radicales de los expansionistas norteamericanos dolidos de la guerra civil —que decretó el fin de la esclavitud con Abraham Lincoln—, había ordenado al gobernador de Coahuila y Texas, Ramón Músquiz, desalojarlos o evitar que se expandieran. Austin garantizó y protegió la invasión y lo comunicó a Santa Anna en persona, luego de una expedición a la Ciudad de México, sentenció que no abandonarán el territorio.

Un mexicano disidente, Lorenzo Zavala, eterno crítico de Santa Anna, harto de sus reelecciones, ofreció la península de Yucatán, de la cual era gobernador, a los futuros invasores. Santa Anna lo encarceló, pero después fue

---

explotado su buena voz en el mercado de habla inglesa. La herida de bala que le disparó su colaboradora y amiga, en un aparente ataque de ira y celo ante las acusaciones de abusos de confianza con el dinero de la cantante, le desangró la artería yugular. Falleció a los pocos minutos. A finales de los 80, la tragedia de la cantante texana, Selena Quintanilla, de origen mexicano, dio la vuelta al mundo con la receta de mexicanos exitosos que han triunfado en el gran imperio, aquellos que habiendo nacido del "otro lado", conservaron cultura y costumbres mexicanas, y cuya generación ha crecido en la parte de México que se anexó a los Estados Unidos. Entramos de lleno, entonces, al Tex-Mex.

liberado sin cargos. Se instaló en las proximidades de Galveston, en el estado de Texas.

Desde ahí, conspiró junto con Samuel Houston para conformar un ejército y enfrentar al dictador del imperio mexicano, al que le tendieron el señuelo con la toma de El Álamo, hacienda amurallada con una capilla fundada por monjes católicos, Villa de San Marcos, que era usada como cuartel de última fortaleza militar mexicana cerca del poblado de San Antonio, Texas. En la zona de Texas sólo habitaban unos 3 500 mexicanos, dispersos cerca de algunas villas de origen novohispano.

Una escaramuza. El 2 de octubre de 1835 en la Ciudad Mexicana de González, en Texas, logró conquistar un cañón de gran alcance a los conspiradores, quienes luego del ataque hicieron huir a la disminuida tropa. Posteriormente, tomaron sin resistencia la villa y desalojaron a civiles.

Santa Anna sentenció a su gabinete de guerra encabezado por el general Manuel Mier y Terán: "Si no hacemos algo pronto, nuestros hijos y nietos nos lo reprocharán por siempre", personalmente, como esperaban los conspiradores, encabezaba la división de asalto. La precipitada decisión encontró a Samuel Houston sin suficientes hombres para enfrentar al ejército mexicano —más numeroso—. No obstante, según informó Zavala tenía sus deficiencias: soldados de leva forzados a combatir sin entrenamiento, mal alimentados y agotados tras largas jornadas de traslado a pie desde la Ciudad de México hasta San Antonio, Texas.

Sin suficientes hombres, Houston solicitó apoyo al ejército de Estados Unidos, los yankees, quienes designaron al teniente coronel estratega, William Barret Travis. Con un puñado de voluntarios, asumió la defensa de la fortaleza para resistir el embate de Santa Anna. Otro congresista, David Crocket, cazador de osos, se unió a la toma de El Álamo, cuyos protagonistas habrán de ser los artífices del posterior desenvolvimiento del surgimiento de la compleja e indisoluble nación mexicoamericana, que forma parte del país vecino y, desde entonces, y en grado ascendente, hermanan la relación indisoluble entre los dos países.

Ante la frustración de Houston al no juntar suficientes tropas para defender y mantener militarmente el territorio ganado, Santa Anna toma el fuerte después de una cruenta batalla. Esta última fue ganada a un alto costo de tropas, más por mayoría de soldados, que por estrategia. Capturado con vida, Crocket entabló en inglés un dialogo con el dictador mexicano, donde, en resumen, le sugirió que huyera y salvara a su tropa, antes de que Houston llegara con refuerzos para aplastarlo. Santa Anna ordenó su ejecución y sentencia.

—Que no venga Houston, yo voy por él. Afirmó.

El dictador mexicano se internó en Texas con dos columnas militares para buscar a Houston, quien —ya preparado— lo pastoreó hacia el señuelo perfecto. Zavala detuvo a la columna que atacó por Galveston y Santa Anna quedó sólo en el llano de San Jacinto, rodeado de esteros en la desembocadura de un río de salida hacia el mar. En la trampa y lugar perfectos, Houston desplegó su ataque cuando los soldados mexicanos acampaban y almorzaban en plácida espera. En 18 minutos, Houston y sus hombres masacraron a la tropa, no sin antes sufrir su derribo desde el caballo, que lesionó su pierna derecha, al caer la bestia sobre el general invasor. Santa Anna se perdió entre la tropa y pasó inadvertido durante horas entre los prisioneros, pero fue identificado porque, al pasar cerca de los soldados, éstos le hacían señal de saludo militar.

Una vez identificado, los granjeros agraviados exigieron su ejecución, pero Zavala y Houston pensaron en algo mejor. Demandaron la compraventa equivalente de parcelas, como indemnización por los daños y muertes de ciudadanos norteamericanos, con inviolabilidad de propiedad por nacionalidad, a cambio de su vida. Creyéndose astuto, Santa Anna confiaba en que, mientras incursionaba en maniobras militares, él no era presidente en funciones y su firma como máxima autoridad, carecía de validez, ya que había un presidente interino en funciones, nombrado por el congreso. Sólo debía firmar los documentos y sería liberado.

Al volver a su cargo, Santa Anna volvió a ser presidente en funciones y, entonces, el acuerdo se validó, ya que el monto por la compraventa había sido aceptado por ambas partes. Así se consumó la venta de Texas.

Más tarde, Zavala[26] asumió un cargo en el gabinete del primer presidente de la República Independiente de Texas

---

[26] Fundador del clan de la esposa del presidente Felipe Calderón Hinojosa (2006-2012). Los Zavala son originarios de Yucatán. Lorenzo de Zavala se estableció en Texas en 1835 y participó en el proceso que culminó con la declaración de independencia y, un año después, con el establecimiento de la República de Texas, de la que fue efímero vicepresidente poco antes de

y, después, como segundo presidente de la República Texana. Más adelante, dicho territorio se integró a la Unión Americana. Sus restos y los de su primera dinastía se encuentran sepultados en un enorme obelisco erigido a la grandeza de Texas denominado *Texas Forever*, justo en el lugar de la batalla: San Jacinto.

La cadena de eventos después de esos acontecimientos, casi salidos de una novela, llevaron al planteamiento faltante de la parábola *vasconcelista*. Para el exsecretario de Educación del gobierno de Álvaro Obregón, éste sería el tercer ingrediente en el desarrollo de esa "raza cósmica" de origen mexicano, que estaba aquí, allá y más allá, compuesta por sus orígenes que convergen en esta realidad del idioma español, origen y arraigo al maíz, la tierra los pueblos y culturas milenarias de los originales. Pero también, conviven en esta mezcla del criollismo con la cultura del imperio dominante, el *American way of life*, la semana inglesa laboral, el fútbol soccer y demás costumbres inglesas, heredadas por el vecino del norte, y de la colonia española, que forman parte de la realidad nacional.

Migrantes cercanos

Por alguna razón, el destino me ha puesto cercano a un abundante grupo de migrantes, entre familiares y amigos. Desde muy joven, tal vez a los 10 años o menos, los vecinos comentaban lo bien que les iba a los mexicanos en Estados Unidos.

---

su muerte. Hernández, Julio, Astillero, La Jornada, lunes 7 de noviembre de 2016.

—¡Uf!, fulanito se fue y pronto encontró empleo. Así mandó dinero a su mamá...

Creo que, a veces, los padres son culpables en la medida que llevan el pan a su casa, dan techo, sustento y enseres como ropa y utensilios. Uno cuenta sólo con la gracia de ser el hijo. Pero hay padres que lo cobran a su manera; a veces, malhumorados y con familias numerosas, comienzan a cuestionar a los hijos postadolescentes con la cantaleta: "trabajen, no estén *nomás* de vagos o echados". Al terminar la etapa escolar, la capacidad del estudiante no está completamente desarrollada y, entonces, surge la cuestión fundamental: ¿qué hacer? Emigrar tras la búsqueda del sueño americano.

Mientras, las élites mexicanas se convencían de que había una masa de jóvenes de izquierda inspirados en el romanticismo revolucionario guevarista y castrista, surgido de la Revolución Cubana, con las ganas de alcanzar la justicia social tan postergada para muchos. Fuera de los círculos urbanos de un gigantesco país, continuaban existiendo poblaciones enteras desposeídas, tal como en el *porfiriato*; aún a mediados del siglo posterior al movimiento armado de 1910. Por tanto, era claro que la Revolución había fallado.

Esos jóvenes de los años setenta, después del *tlatelolcazo*, se enfrentaban a la incertidumbre, no sólo en la capital del país, también en otros centros urbanos como Monterrey y Guadalajara. Eran jóvenes educados por los medios como la televisión, cuyas series mostraban el *American way of life* en *La Familia Monster*, *Los Picapiedra* y *Los Supersónicos*.

Vaían aquellos modelos familiares de mamá, papá hijo, hija, y mujeres con moderna cola de caballo y minifalda que rápidamente brotaron, en respuesta a la aspiración por una copia del modelo de felicidad del país vecino, influyendo sobre todo en las clases medias y, casi sin percibirlo, se creó el ideal del modelo americano en contraposición al de las izquierdas reivindicadoras, que insistían en que los gobiernos resultaban en carencias y sin ofertas de consumo.

El adiestramiento masivo, las historias de éxito del otro lado del río Bravo, ganar dinero en dólares, no eran anécdotas del todo ficticias. Se podía pasar como si nada "del otro lado", y, a la larga, hacerse *gringo*, tener auto y un lugar a donde dormir, juntar dólares y regresar a poner un *negocito*.

¿Qué tanto influyó para que se afianzara este deseo? La juventud vio la oportunidad de lograr ese ideal, una juventud de pelo largo que deseaba que sus padres no les llamaran la atención y pudieran vivir libres, acorde a la *psicodelia* que traía nuevas sustancias que expandían la mente, además de aventura, libertad, liberación femenina y, con ello jóvenes mujeres y disponibles.

Ese modelo difundido por la propaganda posterior a la Guerra Fría erigía a los Estados Unidos como el ideal de la libertad frente a las restricciones y carencias de todo tipo que demandaba la opción comunista, la cual también buscaba atraer a los jóvenes, que aún podían optar por hacer realidad en México los beneficios de luchar por un go-bierno de tendencia izquierdista, socialista, comunista en los hechos, no solamente en México, también en Latinoamérica. Sin embargo, el ideal se quedó en eso porque era más viable, para el desarrollo personal y el cumplimiento de las aspiraciones de muchos, irse a los Estados Unidos. Era una solución factible en su situación aspiracional de vida.

6

PARTIR CON AHORROS Y LO QUE SE TRAE PUESTO

L uego de una de esas discusiones con su padre, un joven mexicano decidió salir de casa. No toleró más las golpizas ni un barrio tan denso, donde debía sortear diariamente aquellas batallas campales callejeras entre pandillas. Eran finales de los años 60 y esta tendencia permaneció hasta mediados de los 70 en el nororiente de la Ciudad de México. Los chicos de las zonas urbanas de nueva creación se reunían en lo que había sido diseñado como áreas comunes de la colonia, con juegos de fierro y figurillas de cemento. Los parques unían los circuitos de las casas, convirtiéndose en lugares propicios para la vagancia juvenil, con fuerte influencia de los movimientos *hippie* y *beat* de Estados Unidos. En un radio portátil, los jóvenes escuchaban música pop en inglés, algunos se drogaban o jugaban fútbol, la famosa *cascarita*.

Yo ya me voy...

Humberto fue un joven emigrante de casa; rabioso por la bofetada que le había dirigido su padre, juró no volver y, junto a otro amigo, luego de largas conversaciones, decidieron partir.

—La onda es hacerla del otro lado, conozco a un cuate que nos puede hacer una *valona* y ya está, a toda madre…

Humberto subió al tren que se detenía en las afueras del Valle de México, en Lechería, Estado de México, a donde se podía llegar desde el metro Tacuba en camiones conocidos como "los Lagartijos", de color azul marino con amarillo. Su ruta rezaba: "Tacuba-Tepozotlán y anexas". El tren paraba en Lechería para hacer una maniobra de cambio de vías y enganche de contenedores arrastrados desde los escapes de la zona industrial de Vallejo en la Ciudad de México. Era esperado por muchos mexicanos y centroamericanos, ya que iba hacia cualquiera de las dos fronteras más cercanas entre la Ciudad de México y Estados Unidos, primero, Tamaulipas: Nuevo Laredo y Reynosa; de ahí, hacia Douglas, Arizona. Así que, en el tren de carga, y sobre su carga, iban pasajeros sin boleto, desde Centroamérica hacia los Estados Unidos. Hoy, a dicho tren le denominan "la Bestia".

Luego de un viaje de varios días, llegaron a la frontera entre México y Estados Unidos. Permanecieron en la orilla que divide ambos países, escucharon los consejos de inmigrantes ilegales, para luego pasar del otro lado y atravesar a Douglas, Arizona por alguno de los múltiples escapes de vías de trenes cargueros que cruzaban la línea fronteriza.

Cuando escucharon que partía el tren, ya del lado estadounidense, ingresaron violando los sellos de un tragaluz en el cabús que funcionaba como carro de descanso

104

para maquinistas y personal de guardia. Sin embargo, el par de polizontes, uno de ellos de cabello *afro* natural, muy de moda en el año de 1976, fueron sorprendidos por el personal de la empresa ferrocarrilera del vecino del norte, pero como el tren avanzaba, no hubo oportunidad de bajarlos y remitirlos a la autoridad.

Como eran jóvenes de la Ciudad de México, de piel blanca, no muy común en el tipo de indocumentados que solían pasar día con día de forma ilegal de México a Estados Unidos, los guardias que los abordaron les hablaron en español y les advirtieron que no se movieran ni se expusieran con el tren en marcha, los dejarían en la siguiente parada ante las autoridades, pero no advirtieron que, antes de ingresar, los polizontes habían soltado el soporte del candadillo que cerraba la lámina del tragaluz; los encerraron, pero el soporte del candado sólo tenía sobrepuestos los tornillos que lo sujetaban.

En una parada en los *peines* de vías, ya en la zona de Douglas, Arizona, cerca al poblado Benson, del mismo estado, el tren detuvo su marcha, esperando una maniobra de otro tren en sentido contrario a la vía con rumbo a Salt Lake, Utah. Antes del cambio de vía, ambos polizontes empujaron la lámina de la tapadera, salieron del remolque, y se perdieron en la zona urbana de Benson, Arizona.

Fueron largas caminatas con nada más que sus ahorros en las bolsas y comiendo en los minisuper de los *crossroad* típicos de los Estados Unidos. Prosiguieron por las orillas del *freeway* y encontraron trabajo en un campo algodonero en el que un letrero rezaba *"Employed"*, justo en la entrada.

Ahí, con techo y baño, las jornadas extenuantes eran de 10 horas. Luego de unas semanas de jornada, y con suficiente dinero para continuar la incursión en el país vecino, cada uno tomó su propio camino.

Humberto narra que, luego de salir del *freeway* con destino a Nevada, por la Ruta 66, que va de California a Chicago, un buen conductor detuvo su marcha, atraído por la extraña melena. El chofer iba con rumbo a San Francisco y accedió a darle el *ride* hasta las proximidades de las Vegas, Nevada, en el entronque hacia esa ciudad, donde esperaba llegar en busca de una oportunidad, cerca de una base militar a donde aterrizaban los entonces modernos F-14. Humberto tuvo la osadía de cruzar por sus mallas hasta ser advertido por guardias militares que había penetrado zona de seguridad.

—Solo quiero llegar hasta aquel *freeway*, argumentó.

—Debes rodear la base, respondieron los militares.

Tuvo suerte de no ser arrestado cuando advirtieron que podía estar perdido, por eso lo dejaron ir. En esa ruta con rumbo a Las Vegas, Nevada, un grupo de nobles misioneros detuvo la marcha. Iban rumbo a Salt Lake City. Eso lo desviaba del rumbo a Las Vegas, pero ¿por qué desperdiciar la oportunidad de un *raid*, dejando Nevada "en caliente"? Ya vendría otra oportunidad de conocer esa otra "ciudad que nunca duerme", como New York, según cantaba Sinatra.

Durante el camino, sin nada en la panza pues no había comido, aceptó la cortesía de las cervezas que lo pusieron más alegre y desinhibido, por lo que decidió bajarse en una población urbana. Cansado y hambriento, vio un garaje abierto y, acostumbrado a la rebeldía postadolescente, decidió pernoctar en el lugar.

Poco después, el *sheriff* del condado interrumpía su plácido sueño, conduciéndolo esposado hasta la pequeña comisaría de la población. Lo dejaron ahí mientras salían a atender otro reporte, pero olvidaron ponerle candado a la reja, por lo que salió tan pronto pudo y, libre otra vez, de *pata de perro* hacia otro *freeway*.

Se encontró con la vía del tren que iba en dirección a Utah, pero no era pertinente ir hacia allá, así que, por cierta lógica, con un cambio de 45 grados en otra dirección, fue hacia donde sólo había montañas, nada mejor para un aficionado a la caminata de montaña, como cuando todos querían escalar el Iztaccíhuatl desde el pueblo San Rafael, en el Estado de México.

Decidió cruzar los cerros. Encontró un caballo con el que fue jugueteando porque no se le despegaba, pero luego de un rato, pasó del juego al hartazgo y tuvo que alejarlo con malos modos, corriendo y gritando. Poco después, llegó a un camino de terracería y, más tarde, un grupo de granjeros en una camioneta *pick up*, otra vez, atraídos quizás por el crecido cabello estilo *afro*, le ofrecieron llevarlo. Se les hizo extraño ver al solitario caminante. Se detuvieron un instante preguntándole si no traía algo de marihuana para fumar.

El *raid* lo dejó cerca de un pueblo al que le recomendaron no entrar, por lo que siguió su marcha por el *freeway* hacia otra dirección, donde fue abordado, ya de noche, por un guardia supervisor de mantenimiento de caminos, que lo llevó hasta un *crossroad*, donde había un bar. Había buena comida y unas cervezas; fue atendido por un mexicano.

Después de un rato de conversación, preguntó si sabían de alguien que requiriera de sus servicios.

—Claro. Camina por la carretera hasta el Rancho 3CCC.

Así fue como que se convirtió en cuidador de ganado, pero el empleador le pidió que se cortara el pelo.

7

ESOS AÑOS DESPUÉS DEL TRAUMA DE TLATELOLCO

En 1976, en el cambio de régimen al final del sexenio del presidente Luis Echeverría, llegó un heredero anunciado, al inclinarse el Partido Revolucionario Institucional por el secretario de Hacienda y mentor político de Echeverría, miembro poseedor de linaje español (se asumió descendiente de Hernán Cortés, con antepasados oriundos de Caparroso, en España, donde no vaciló en viajar una vez ungido y también para reestablecer la rota relación de su antecesor con la dictadura de Francisco Franco).

Como habitante de una casona en la colonia Roma, López Portillo compartió como estudiante su biblioteca con el joven Luís Echeverría y, al mismo tiempo, con Arturo Durazo Moreno "El negro", futuro jefe policiaco de la Ciudad de México y amigo de la infancia de José López[27].

Los tiempos están cambiando

Tanto Miguel Alemán Valdés, como Adolfo Ruiz Cortines, Adolfo López Mateos, Gustavo Díaz Ordaz y

---

[27] Luis Suárez, "Echeverría Rompe el Silencio".

Luis Echeverría, no pertenecían al linaje revolucionario ni al linaje criollo español. Su dogma ideológico confirma la revolución como un ente justiciero, alejado de la geometría política de izquierdas o derechas. Hasta el restablecimiento de las relaciones con España, y después con el Vaticano, México volvió al debate de si formaba parte del reino español, o era resultado del surgimiento de la cultura originaria totalmente independiente.

En el momento más intenso de su mandato como presidente de México, José López Portillo se asumió en la resurrección de Quetzalcóatl, el ser imaginario que procedía del mar, tal como lo hizo Hernán Cortés, considerado en su momento como un dios al arribar a Veracruz[28]. Hoy, su descendiente volvió a conquistar el poder en Tenochtitlán. López Portillo invitó a los Reyes de España, Juan Carlos de Borbón y Sofía de Grecia, así como al doctor Eduardo Matos Moctezuma —arqueólogo responsable de haber descubierto y reabierto la recuperación de las ruinas del Templo Mayor en el Zócalo de la Ciudad de México— para tomarse la foto de los tres sobrevivientes del "linaje" de los "mandos divinos de México". El suceso tuvo lugar ante las ruinas recuperadas en el corazón del país. Un alto significado para el simbolismo o de lo que realmente está hecho el país.

Yo había visto de cerca al presidente Luis Echeverría Álvarez, quien sostenía una política nacionalista que rechazaba los valores individualistas de la cultura estadounidense. Junto con su esposa María Esther Zuno,

---

[28] López Portillo, José, Ellos vienen...La conquista de México, Fernández Editores, 1982.

promovía los valores nacionales, el folclor y una economía que rechazaba las trasnacionales como McDonalds, entre otras más, aquellos símbolos de la cultura del país vecino, invasiva, ajena y enajenante a nuestra cultura.

Recuerdo que, en 1972, Joaquín Hernández Galicia alias "la Quina", secretario general del sindicato petrolero, fue a la Unidad Habitacional de la colonia Petrolera de Azcapotzalco, cercana a la Refinería 18 de marzo, en compañía del presidente Luís Echeverría Álvarez, en el marco de la conmemoración de la nacionalización petrolera, decretada por el presidente Lázaro Cárdenas en 1938. Inauguraron un conjunto de viviendas para el selecto grupo de acompañantes del líder sindical en su Comité Ejecutivo Nacional.

El desarrollo habitacional constaba de 140 departamentos en 10 edificios, en un principio, ofertaba la venta de los mismos —de 140 metros—. Cuando ya se habían vendido 10 de ellos, apareció el secretario de Previsión Social del sindicato petrolero para comprar el resto, dada su cercanía al enorme complejo petrolero en las proximidades a donde tenían sede las secciones 34 y 35 del Sindicato de Trabajadores Petroleros de la República Mexicana, para los trabajadores que laboraban en la Refinería 18 de marzo de Azcapotzalco, en la Ciudad de México. El presidente fue invitado a la inauguración, en esa especie de giras que consolidaban el mandato presidencial y "estrechaban los lazos entre la clase trabajadora y el gobierno".

Para estos eventos no podían faltar las estrellas de la farándula, y en esta ocasión, el grupo musical de Lobo y Melón había logrado gran éxito años atrás, con su son de corte cubano amenizaba la fiesta. Llegó Luís Echeverría y apenas lo pude alcanzar a ver entre la multitud de personas que se aglomeraban, pero mi madre sí estaba justo por donde había pasado.

—¿Cómo está, señora?, preguntó el ciudadano presidente, quien ya en confianza la tomó del brazo.

—Bien, señor presidente. Respondió mi madre.

El presidente hablaba con ese tono tan característico que imitadores habían grabado en un casete clandestino, que circulaba de mano en mano. En él, podía escucharse el discurso de un comediante que decía "la palabra"; es decir, la disertación de ese imitador de Echeverría, que hablaba de los usos, significados y aceptaciones gramaticales, de la palabra "chingar".

Preguntó en una segunda oportunidad:

—¿Y cuántos hijos tiene?

—Tres, respondió mi guapa madre de ojos verdes, piel blanquísima y sonrisa de perla.

—Pues hay que hacer más señora. Necesitamos mexicanos… más mexicanos. Hay mucho territorio que ocupar.

—Pos sí, pero cuestan caros señor…

En esos años, los territorios de Quintana Roo y Baja California Sur se habían convertido en entidades federativas. Por su abandono y escasa población, entonces, les correspondía un reducido presupuesto, pero, desde su consolidación como estados, debía impulsarse su desarrollo. Eran polos turísticos con inversión pública en infraestructura y comunicaciones para atraer población que desarrollara y habitara esos territorios dispersos, además de apropiarse —para las hijas del presidente— sendos pedazos de lo que hoy son desarrollos y emporios turísticos, los que, paradójicamente, abandonados por ellas, el expresidente, aún vivo, no puede disfrutar.

Un empresario camionero metido a la política, mitad alemán por parte de padre, había operado desde la Comisión Nacional de Subsistencias Populares, la famosa CONASUPO, cuya política de control de precios de garantía subsidiados por el Estado equilibraba el precio de compra al producto agrícola básico como maíz, frijol, trigo, arroz, etc. Dichos precios garantizaban al productor su labor con la certeza de compra y comercialización por parte del Estado.

La CONASUPO, a cargo del profesor Carlos Hank González, catapultó a dicho personaje como candidato casi único a gobernador por su natal Estado de México. El oriundo de Santiago Tianguistengo organizaba su campaña. Entonces, un compañero de mi escuela lo seguía. Sus padres se habían establecido en el otro eje de la distribución alimentaria decretada por Echeverría, en ese sistema de reparto cuasisocialista, los "Mercados sobre ruedas". En ellos, los comerciantes compraban directo a productores que llegaban a los grandes mercados de la Merced o Jamaica, y de ahí partían en vehículos y tomaban vialidades —como ahora— con cierre parcial por un día, identificándose con mantas color rosado sobre puestos armables de estructura de fierro. La idea no gustó nada a los patrones agrupados en el "Grupo Monterrey"

113

ni a la Confederación Patronal de la República Mexicana (COPARMEX).

Los padres de Miguel, mi conocido de la escuela, habían aceptado seguir al candidato Hank uno o dos días a la semana como acarreados, en transportes propiedad de un autotransportistas de Ecatepec, lo que facilitaba el traslado.

Miguel cuenta que, una vez que habían llegado a un mitin programado por el PRI en Tlalnepantla, donde los llevaban para "hacer público" en un auditorio, y con ello mostrar apoyo del pueblo, al llegar al evento y en espera de la señal de bajar en orden por la coordinadora, esta última pegó una carrera y abordó la unidad:

—Ahí viene el candidato.

—Cuando pase quiero que me acompañen así: ¡Hank González…! Seguido de aplausos.

—Hank González! Clap, clap, clap.

Cuando se acercaba el candidato, los acarreados siguieron la instrucción así:

—¡Juan González! Clap, clap, clap

—¡Juan González! Clap, clap, clap.

Al instante, la coordinadora corrió y aborda nuevamente el transporte:

—¡No es Juan, es Hank!

—Újule, por una torta y un refresco quieren que hasta hablemos inglés…

—Chale.

Se escuchó una voz juvenil de atrás de los asientos.

En Chicago, 1977

Ese año en que ya gobernaba José López Portillo, orgulloso descendiente del conquistador Cortés —según sus propias palabras—, fue que Humberto, mi otro amigo ilegal en los Estados Unidos, pudo llegar a la ciudad de Chicago. Había conseguido empleo con un empresario mexicano en el ramo del espectáculo. Era originario de Zacatecas, dueño de un fórum. Al buen mexicano que le empleó, le gustaba que, en ocasiones, les acompañara en la mesa con la familia, deseoso de que sus hijos practicaran el idioma español, cuando conversaba toda la familia, con Humberto.

El fórum tenía capacidad para presentar a grandes artistas de moda como Marco Antonio Muñiz, que en ocasiones acababa la función con una juerga bohemia de encerrona privada, en compañía de los dueños del lugar. En otras ocasiones, se armaba una estructura tubular para montar un ring de boxeo, donde se daban funciones sabatinas de box y, en cierta ocasión, comprometido el espectáculo, uno de los contrincantes faltó a la cita; preocupados por el público asistente a la función, y ya casi listo uno de los rivales, convencieron a Humberto por su buen físico para que subiera a defender la otra esquina, coacheado por los mismos compañeros de trabajo, quienes ofrecían un adelanto de pago, ganara o perdiera.

Joven, fuerte y siempre dispuesto a labores que exigían buen físico y fortaleza, y en recuerdo de aquellas grandes batallas campales entre bandas rivales en la zona de Aragón de la Ciudad de México, subió al ring con ese conocimiento casi primitivo que se tiene por haber observado innumerables contiendas de pugilismo.

Humberto aceptó el buen consejo de su improvisado manager:

—Primero, estúdialo. Marca distancia, boxéalo, esquiva y no le tires hasta que lo veas seguro.

Saltaron al ring luego de que el presentador subiera al mexicano como representante del barrio de Chicago, que albergaba el fórum.

Al primer giro para esquivar al profesional rival, éste marco un par de golpes que cimbraron el cabello rizado, pero ya corto de Humberto, que trató de escapar, pero un ágil salto de su rival le impidió abandonar las cuerdas mientras le acomodaba un certero derechazo directo a la nariz, que le hizo sangrar profusamente.

Terminado el primer round, los *seconds* trataron de calmar la hemorragia sin conseguirlo en el minuto de descanso, así que, para el segundo asalto, Humberto saltó con toda su furia sobre su rival, descargando toda clase de golpes que, en su mayoría, logró esquivar su oponente; no obstante, recibió parte de la metralla que sí pudo descargar, pero sin contundencia, antes de que el referí decretara el final de la contienda, por el imparable brote de sangre sobre el cuadrilátero.

El resultado fue de un tabique nasal desviado que pudo operar hasta la edad de 49 años en la Ciudad de México. A la derrota en el debut y despedida del boxeo profesional, poco tiempo después, tal vez motivado por el creciente interés de una de las hijas del dueño del lugar, por compartir más tiempo con su joven y apuesto inquilino, y por los escozores que eso causaba en la esposa del dueño, decidió decirle a Louis que le despidiera de su empleo, que ya era suficiente. Así, fue al lugar donde pernoctaba junto con otros ilegales y, mientras meditaba, otro de los compañeros se le acercó:

—Oye, Humberto, te quiero comentar algo; ¿salimos tantito?

—¿Qué quieres?, dime.

—Mira, aquí atrás hay una camioneta abandonada. Lleva ahí meses, nadie la reclama, ni la mueve.

—¿Y?

—Tiene adentro una maleta…, y si pones atención, por una parte, abierta del cierre…, ¡se ven billetes!

—Siempre que paso la veo.

—¡Ayúdame! Y ahí vamos a la mitad.

Las calles de la zona céntrica, el *downtown* de Chicago, tienen unos callejones entre avenidas donde, con mucho trabajo, cabe una camioneta tipo Guayin. Hay unos patios o solares que se usaban como estacionamiento ocasional, pero en un barrio bravo, ninguna autoridad se arriesgaba a patrullar. No obstante, el vehículo conservaba bajo los limpiadores del parabrisas, varias boletas de infracción, con suficiente polvo acumulado.

Rápidamente, y mediante el medidor de aceite del motor en forma de espada de esgrima, clavada entre el cristal y el empaque que lo separa de la lámina de la puerta, lograron abrir el automóvil por la rendija entre el marco y el vidrio. Tomaron la maleta y se olvidaron del Guayin. Ya de vuelta, en su refugio, revisaron el contenido: casi 10 mil dólares. Dividieron el dinero y, al fin, Humberto tenía suficientes fondos para iniciar un negocio en México y conseguir un empleo, en aquella época, en que las grandes empresas del gobierno, tales como la Comisión Federal de Electricidad (CFE), el metro, Teléfonos de México (Telmex) o Petróleos Mexicanos (PEMEX), ofrecían a través de sus gestores sindicales, oportunidad para presentar examen y acceder a plazas de empleo seguro y bien pagado. Así, regresó a México, a su lugar de origen. Desde entonces, y hasta su jubilación, trabajó en su país.

8

LAS TÍAS

Se le presentó la oportunidad en Puerto Rico de trabajar y desarrollar su reconocido nivel como arquitecto universitario. Sin pensarlo mucho, partió. Al llegar, David, como trabajador legal, y con pago por nómina, tramitó primero la cédula del Seguro Social mediante aportaciones, para hacer récord de antigüedad laboral. Lo que siguió fue iniciar un trámite por juicio para demandar la nacionalidad, el objetivo del 99% de quienes emigran al vecino del norte de México, y al "extremo" oriente del Caribe, en la colonia de Puerto Rico.

En el transcurso de un par de décadas, David se casó con una mujer también emigrada del caribe, pero ella procedente de República Dominicana. Después de varios intentos, por fin fue aceptado como ciudadano estadounidense. Aunque hubo altibajos salariales, no faltó empleo hasta que vino el huracán María en 2018, que arrasó con la isla. Con ello, se perdieron servicios, empleos, y muchas empresas cerraron. Resultaba paradójico que, después de una larga lucha legal, había instantes de naufragio, cuando a los 47 años de edad se acumulaban méritos laborales de estancia legales.

Años atrás, el 11 de septiembre del 2001, ocurrió un certero golpe al imperio yanqui, cuando terroristas de Al Qaeda, una cruzada religiosa militar, lograron que agentes suicidas desde ciudades europeas como Hamburgo o Málaga en España, burlaran los más sofisticados sistemas de seguridad estadounidense, armados solamente con un cortador de papelería, con el que se hicieron del comando de jets cargados de combustible y pasajeros. Aquella mañana ofrecieron un espectáculo mundial macabro, televisado en vivo gracias a los modernos sistemas de comunicación, mientras, los espectadores, millones de ellos, presenciaban atónitos el derrumbe de uno de los símbolos más característicos del mercado mundial norteamericano: las Torres Gemelas del World Trade Center.

El presidente George Bush, hijo del otro presidente del mismo nombre, se enfrascó en una nueva guerra que no se dio en frentes de batalla o con ejércitos, sino con soldados de confesión religiosa, dispuestos a ofrendar sus vidas para dañar a su enemigo; para los extremistas musulmanes, Estados Unidos y sus aliados son considerados el "gran satán", el "infiel Occidente" y la bandera de guerra que proviene desde el mismo punto de las Cruzadas entre europeos y musulmanes. Se trata de un conflicto no resuelto y de jurada venganza de acuerdo al credo mahometano: "Ojo por ojo, diente por diente".

Para los *conspiracionistas*, la maniobra habría sido elaborada por las fuerzas oscuras de los Estados Unidos para justificar la intervención en el Oriente Medio, repleto de los más grandes yacimientos de petróleo del mundo, no obstante, el ataque coordinado en horas e instalaciones que incluyeron un ala del complejo militar del Pentágono, muy cerca de la capital estadounidense, ponen de manifiesto la vulnerabilidad de los complejos sistemas militares de defensa y la inutilidad de armas nucleares de destrucción masiva, suficientemente poderosas para liquidar ciudades enteras de países enemigos que osaran atacarlos.

Tal esquema sucumbe ante la inteligencia de sus enemigos jurados en las naciones de tendencia musulmana sunita y chiita en el Medio Oriente. El seguimiento de los protagonistas de los ataques se dio desde su origen de partida, gracias a los complejos sistemas de seguridad europeos que incluyen al MI6 británico y la Policía de Investigación española. Así, se logró establecer el móvil operado por jeques y militantes musulmanes agrupados en una compleja organización terrorista militar internacional, conocida como: *Al Qaeda* (La Base), que ya había advertido en previos atentados en el mismo World Trade Center, años atrás, y en el Golfo de Adén, cuando una pequeña lancha inflable, cargada con kilos de explosivos y guiada por dos militantes suicidas, impactó su carga contra una nave crucero estadounidense, anclada en el puerto de Aden, la capital de Yemen, a la cual infringió un enorme boquete de cinco metros de diámetro, al perforar su casco de aproximadamente 45 centímetros de grosor.

Tras del lance se desprende que el autor intelectual del ataque y líder del movimiento rival del imperio de Occidente sea un viejo aliado de los estadounidenses en la guerra de intervención soviética de los años 80, cuando fuerzas militares de la gran nación socialista decidieron invadir Afganistán como respuesta a las intenciones separatistas de regiones de la antes gran federación soviética, situadas entre Afganistán y Pakistán, mejor conocidas como caucásicas, en particular Chechenia. Dichas regiones tenían predominancia de confesión musulmana y, en ese entonces, eran apoyadas por este movimiento cuyo dirigente era Osama Bin Laden, hijo de jeques saudís y líder de Al Qaeda, con basamento en grupos de formación militar adiestrados en campamentos de Yemen, Somalia y Afganistán, en ese entonces, invadida por la URSS, que decidió ir contra ellos. En aquel tiempo, Estados Unidos apoyaba a los separatistas.

En el año 2001, se volvieron sus peores enemigos, luego de la cadena de atentados que dejó sentir secuelas posteriores en capitales de las naciones de los aliados "cruzados"; Londres y Madrid, con sendas sacudidas terroristas de origen *yihadista*.

Las nuevas medidas de seguridad impuestas por los Estados Unidos perjudicaron a David, quien había aprovechado las fiestas de diciembre, como muchos otros mexicanos, para visitar a su madre y hermanos en la Ciudad de México.

Varado en Miami, sin que las autoridades migratorias de Estados Unidos aceptaran en esa localidad su ingreso a la conexión de vuelo, se retrasó 72 horas. Ya no poseía visa de trabajo en ese entonces; sólo contaba con un permiso y solicitud de trabajo de una firma puertorriqueña.

Una vez que David ingresó, y hasta que pudo lograr su reingreso, no pudo abandonar la isla. Habitante, legal, pero condicionadamente. Luego de varios intentos por ingresar le preguntaron:

—¿Qué estudios tienes?

—Soy arquitecto, con título de la Universidad Nacional Autónoma de México (UNAM).

— ¿Por qué no me lo habías dicho? ¡Bienvenido a los Estados Unidos de América.

A los 52 años, David finalmente logró la nacionalidad, sin embargo, su padre falleció sin ver cumplido el sueño de que alguno de sus hijos adoptara la nacionalidad estadounidense. Su padre comentaba de lo que había "allá".

—Ustedes deben ir y ver. Debíamos aprender de cómo han hecho un país grande y abundante: carreteras, puentes, ciudades bien hechas y la gente con trabajo vive en buenas casas o departamentos.

El señor pudo, desde joven, ser ciudadano estadounidense, ya que su padre —el abuelo— era ciudadano norteamericano establecido en Los Ángeles, California, pero originario de Jalisco.

En la temporada de vacaciones, y luego de jubilarse de PEMEX, el padre de David pasaba largas temporadas entre su natal, Pénjamo, Guanajuato, y Los Ángeles. Había obtenido la nacionalidad norteamericana en 1948, y lo convocaron en el año de 1950 a la Guerra de Corea. Al no considerarse apto para las armas, optó por devolverse al territorio mexicano y cambiar sus apellidos, gracias a un tío que le ofreció ingresarlo en PEMEX, como su hijo.

Más adelante, sus tres hermanas, dos californianas, y una establecida en Salvatierra, Guanajuato, le reprocharon haber desaparecido el apellido paterno, ya que era el único varón.

Fue así que las hermanas del padre de David —sus tías—, establecidas en Los Ángeles, ya ancianas y viudas, aceptaron que transitara desde Puerto Rico, devastado y abandonado por el presidente Donald Trump, hacia la ciudad que más mexicanos y de ascendencia mexicana tenía fuera del territorio nacional: Los Ángeles, California.

Las tías resultaron monumentales. Durante décadas, una casa ubicada en un fraccionamiento estilo californiano de clase media, cercano a la playa, fue refugio de decenas de paisanos, familiares y familiares de familiares, que llegaban ilegales y, mientras buscaban empleo, se abastecían en la casa donde, en pareja, pero sin hijos, una de ellas vio quedarse como residentes a decenas de mexicanos. Todos ellos, agradecidos, no dejan de acudir a su llamado cuando les necesitan, pues ya rebasan los 89 y 96 años.

Ambas pelirrojas, de ojos azules. Celia, la mayor, con piel blanquísima, camina con dificultad y casi no oye, es reacia a utilizar aparatos de ayuda para la sordera aunque se los presenten con frecuencia. Recientemente, acudió a una operación que le financió el Estado, que también proporciona resguardo y atención médica permanente a las dos mujeres, dotándoles de una empleada doméstica que acude dos veces por semana a dar servicio de limpieza y supervisar que tengan alimentos en casa.

El doctor se dirige siempre a ella en español. Ella sólo aprendió a expresarse con un mínimo de inglés para, en caso de ser necesario utilizarlo, aun habiendo nacido en Estados Unidos.

—Aquí nunca he necesitado hablar el inglés, no me hace falta. Me dice a gritos, por su defecto de sordera.

—Tienes cataratas y te vamos a cambiar el cristalino con un lente graduado que te va a dejar totalmente recuperada tu vista. Le dijo el oftalmólogo, según me cuenta.

—Te había dicho hace 10 años que te hicieras esta operación y no me hiciste caso.

Años antes, comenzaba con problemas visuales y acudió a su oftalmólogo, que le advirtió del daño por cataratas. Le dijo que era candidata a ese beneficio por medio de la Seguridad Social. Tuvieron que cotejar sus datos cuando acudió, así que revisaron la base de datos para ver el alcance de sus beneficios sociales.

—Te voy a hacer unas preguntas para confirmar tus datos.

Si bien también como viuda de un trompetista de banda de jazz, conservaba el beneficio del Seguro Social de su ciudadanía, gozaba también de un trato especial adicional en ese país.

—Dime, comentó la trabajadora Social. ¿A qué edad fue tu padre a la guerra?

—Uy… el hablaba poco de la Guerra, pero debe haber estado allí a la edad de 18 años. Combatió en Francia.

—Sí, María (su nombre de pila completo es Celia María), pero…

—Fue a la edad de 17 años. Mira. Le volteó la pantalla de plasma de su ordenador.

—Combatió en la Primera Guerra Mundial en el frente francés.

Originario de Jalisco, el abuelo también estuvo ahí. Un mexicano, pues.

9

DE MÉXICO A BOLIVIA

En la primavera sudamericana del año de 2015, perdí una importante cita en el Ministerio de Relaciones Exteriores, frente el Palacio Quemado, sede del Poder Ejecutivo del Estado Plurinacional de Bolivia, en La Paz, ciudad capital. Nunca pensé que, de la última ciudad peruana en el litoral del Lago Titicaca, Puno, al otro lado del inmenso depósito de agua del deshielo de los Andes, en destino a La Paz, capital boliviana situada a unos 140 kilómetros de la costa peruana del lago más alto del mundo, se hiciera en 12 horas. La historia comenzó en 1980, en México.

Ella era...

María era una mujer algo extravagante, alta simpática y glamorosa. Iba en mi escuela y compartía clase con mi entrañable amigo David, hoy emigrado residente ya en Puerto Rico, instalado y ciudadano estadounidense establecido en Los Ángeles. Íbamos juntos a la misma escuela en mi viejo Rambler 69, mejor conocido como "el Chicharrón", dada la ruda reparación de hojalatería que se le había aplicado al extaxi del Estado de México. Había conseguido el auto con fondos ahorrados con base en periodos de trabajo temporales y cooperación de los jefes de familia. Todos acudíamos al bachillerato, distante unos 12 kilómetros de casa. Era agradable compartir transporte con tan distinguidos compañeros y amigos por cercanía y escuela.

Pero lo más interesante fue que el hermano de María era un capitán del Estado Mayor Presidencial al servicio personal del presidente. Ernesto se hizo mi amigo, sin olvidar el castigo al que somete todo militar a un "subalterno" —como me consideró en su momento—, cuando tuve que hacerle parte de las tareas que le dejaban como *talacha* en la Escuela Superior de Guerra, copias de manuales de la escuela que, en su oportunidad, me endilgó. Gracias a que yo tenía práctica y velocidad para escribir a máquina, junto con su hermana le completábamos aquellas tareas que por castigo o desacierto asestaban a pregraduados con el fin de que no olvidaran tal o cual respuesta.

—De tarea me trae el reglamento 10 veces a máquina, ¡no en copia!

Por este "apoyo" al hermano militar, con el tiempo aprendí entonces de armamentos defensivos y ofensivos, de zonas estratégicas y vitales de la nación, de comunicaciones y equidad de la dimensión territorial en la demarcación nacional. Era interesante y no diré más, por la responsabilidad y rigor con que Ernesto confió en mi discreción.

Ernesto y su hermana eran huérfanos, ella, menor que él, adeudaba materias en el bachillerato, y estaba más interesada en concursos de belleza y glamour. Llegó a participar en uno de ellos, donde obtuvo el segundo lugar de Miss Estado de México, en 1975. Esto le dio varias oportunidades de escalar en el medio social, ya que, por conducto de su hermano, brincó a una oportunidad de empleo en la Secretaría de Programación y Presupuesto. Convivía con familiares y amistades de militares del Estado Mayor, asistía a lugares donde se codeaba con Paulina López Portillo, hija del presidente en turno.

Paulina, a la sazón, disputaba el primer lugar de las listas de popularidad como baladista, compitiendo con Aurora, la misma hija del general Godínez, jefe del Estado Mayor Presidencial, señalado por haber iniciado los disparos que desataron la refriega de 1968 en Tlatelolco. En algún momento conocí a la hija del otro tirador del 2 de octubre de 1968, Carlos Bermúdez, quien para 1982 ascendió a jefe del Estado Mayor Presidencial con Miguel de la Madrid Hurtado.

En la UNAM

Lograr ingresar a la licenciatura de Periodismo y Comunicación Colectiva, creada gracias a la visión del maestro de periodistas, Miguel Ángel Granados Chapa, me dio la oportunidad de definir cuál sería mi papel en esta sociedad, a un lado de mi admirada UNAM. Mi amigo militar me llamó después de celebrar su ascenso de grado junto a sus compañeros de generación mediante un "ritual", el cual consistía en capturar las nuevas barras del mando obtenido del fondo de un enorme vaso lleno de tequila, que le sirvieron miembros de su equipo de

Pentatlón —del que además formó el parte y, en alguna ocasión, representó a México en equitación en la Olimpiada de Moscú—. Luego de regresar por unos refrescos que me había encargado, se me acercó y me dijo:

—Ven… Estás en la carrera de Periodismo, ¿verdad?

—Sí, llevo ya un semestre.

—Ten…

Me dio la tarjeta del secretario particular del Director de *El Universal*.

—Ve a ver este señor. Te va a dar trabajo. Te quiere en la redacción.

—El licenciado me encargó alguien de confianza. Se refería al secretario particular del director del diario.

Llegué a una de las redacciones más codiciadas de México: *El Universal*, "El gran diario de México". Así, el hermano de una conocida compañera del bachillerato, cercana vecina, impulsó circunstancialmente mi carrera como periodista, miembro de la ayudantía personal del presidente en turno, disciplinado militar que abrazó el difícil deporte del Pentatlón, y, además, estudiante de la carrera de Derecho en la, entonces, Escuela Nacional de Estudios Profesionales (ENEP) Acatlán de la UNAM. Vecinos de mi colonia me daban el pase a la oportunidad de entrada al medio del periodismo. Sé, no obstante, que por algo gané su confianza y, por ello, me dio la tarjeta soñada un día.

Extra, extra…

Y al llegar al diario, me mandaron con el director más tirano del planeta, en la mera redacción, con el jefe de información con más autoridad que otros que habían existido ahí. Él venía para exterminar la burocracia en que habían caído la mayoría de los reporteros. Pude notar que, gracias a los porcentajes que obtenían los sindicalizados, con sólo acarrear publicidad de la fuente del gobierno que les correspondía, ya sea por octavo o cuarto de plana con algún anuncio de la fuente Secretaría u organismo de Estado, hacían lo suficiente. Por eso se instauró una "contabilidad" de "publicidad" obligatoria, que les exigió más fuentes de publicidad a cambio de mantener su 10 por ciento para cada periodista.

Así la alineación conforme fue fluctuando en la medida que unos tronaban o corrían, ante el enrojecimiento del rostro del Director, que no dudaba en calificativos para sus victimados reporteros, les insistía en que ese periódico sobrevivía gracias a la sección "Aviso oportuno". La antigua necesidad de utilizar los únicos medios masivos más o menos populares a inicios de los 80 para la compraventa entre particulares de toda clase de bienes hasta automóviles, viviendas y terrenos, en esta ciudad con glorieta, y todavía emblemática zona de, "los periódicos", que bien conoce ese gremio, por Bucareli, Reforma y *el Caballote*, que sustituyó al antiguo Caballito de Tolsá por el moderno del escultor Sebastián.

Ariel Ramos, subdirector general; Mario A. Santoscoy, subdirector de Información, y Luis Sevillano. Mesa con Arturo Sánchez Aussenac, Mario Campa, Miguel Castro Ruíz, Enrique Castillo Pesado en Sociales, y sus bellas redactoras, incluida la diva del ballet, Adriana Gaspar de Alba; como secretaria y Mirta Blessing; Verónica Gallardo entre el apuro de ir, ¡ya!, con "Kipy" Casado a la Carpa, México, y secuestrarme como "ayudante", pero con la posibilidad de preguntar y la oportunidad para comenzar.

El "Reportero Cor", Leopoldo Meraz.

—Tráigame una foto de Luís Manuel Pelayo, porque está en el hospital….

Y corre, porque como en ciertas milicias, decir "no" está prohibido…, podría interrumpirse el proceso de edición. Si surgía un mandado había que ir a fotografía por lo que pedía el editor de espectáculos del vespertino, porque ya cerraba…

Las pláticas con los ayudantes —luego buenos amigos— con los que acompañábamos al equipo de fútbol sabatino, con el jefe de ayudantes, Mario Calderón, y los eternos, la sección cables y teletipos, que pedía chance y "el quite" para cortar cable (tira de papel tamaño carta que salía, sin parar, de los teletipos) cuando tenía necesidad de ir al baño, cablefotos, las agencias internacionales UPI, EFE, Reuters. En eso, cae la foto de Yoko Ono con John…, ¡muerto en Nueva York por los disparos de un hombre que se acercó a pedirle la firma para la portada de un disco de los que antes se grababan sobre vinilo! Corre a cortar y entregar a cables y mesa de redacción; la movilización de la maquinaria. ¡Paren rotativas! Porque te corren si no avisaste, apenas llegó el Cable de UPI, la cablefoto, a la mesa de redacción.

Ya por la tarde llegaban Juan Bustillos, Fidel Samaniego, que no se perdía de vista con su cabellera estilo *afro*, Enrique Aranda Pedroza, inseparable de Mario Arvizu

Marín, Luís Enrique Mercado, Miguel Ángel Rivera y Herminio Rebollo Pinal. Había nuevos equipos *Harris*, casi computarizados, lo mejor para la época. El *fuete* de la presión se extendía a ciertos reporteros que ya simplemente recogían boletín y cobraban porcentaje. Siempre se consintió al secretario general del Sindicato Nacional de Redactores de Prensa, tal vez para proteger la rebelión. Se le tenía en "fuente" UNAM.

La fuente UNAM daba cada tercer día una plana para publicitar su página de eventos, por lo que, de cada plana por contrato colectivo, le daría 10 por ciento. ¿Para qué gastar en grabadora y block de taquigrafía, ir a entrevistar o buscar nota?

Todo era exigido por el jefe de información —casi el primero en llegar—porque yo lo llegaba antes. Lo único amargo era que, entre las horas durante las cuales degustaba la lectura de todos los periódicos y cables que quisiera, no podía perder de vista que, en cualquier momento, el jefe me llamaría para algo personal.

—¿Sabes manejar?

—De todo, señor, desde patines hasta estoy tratando helicópteros, señor.

—No mames…Ven.

Y me llevó a un precioso automóvil Cordoba (así, sin acento) *beige*, medio rosadito. Me explicó las bondades de su acelerador automático, y como lo trasladaba cómodamente hasta Tamaulipas, su estado natal. En ese momento era, además, chofer para mandados en automóvil, lo cual me sacaba de la redacción por momentos. Cuando el ambiente estallaba, mi jefe ya había regañado a no sé cuántos reporteros por todo y por nada, a los viejos y novatos. Entonces, comenzaba el incesante sonar del tecleo de las olivettis grises.

Manuel Mejido, Jorge Coca, Jorge Avilés Randolph y Saúl López Robles, quién siempre conservó la fuente policíaca, y un poderoso Trans AM, cuando a los automóviles importados en México se les decía *chocolates*; es decir, *chuecos*, no derechos, en el caló urbano, ya que sólo con ciertas prebendas los podía uno circular, autos de procedencia fronteriza del norte de México; con ellos, uno descendía por la calle Iturbide. Vehículos que sólo jefazos policiacos de la era del "Negro" Durazo podían usar, y hasta les abrían paso.

Pero yo tenía que partir a la escuela. Ahí se formaba una generación de nuevos periodistas impulsados por el maestro Miguel Ángel Granados Chapa, empeñado en vincular al periodismo como una rama de las Ciencias Políticas en la ENEP Acatlán. Los estudiantes de Periodismo de Acatlán ingresaban en tronco común de Ciencias Políticas, donde primero se formaba un entendimiento germinal de la política, que derivaba posteriormente en las materias opcionales, las cuales encaminaban a aquellos que optaban por el periodismo. Todo ello honró a una entusiasta y vital generación de la que luego me ocuparé.

Bajo las órdenes de tan exigente mando, había que reportar la salida por aquello de la disciplina y las propias condiciones para estar allí por un miserable sueldo, así

134

que había que enfrentar al *ogro* que literalmente acribillaba a los reporteros que tragaban saliva antes de pasar con él. "Te llama el jefe". De cuando en cuando me encomendaba buscar a alguien.

—Señor, me retiro.

—Nunca vas a ser periodista, ¿a dónde vas?, ¿a qué te vas cuando comienza el movimiento?

—Es que la escuela…

—¿Qué mejor escuela que esto?, ¡pendejo! ¿Qué haces? No veo que te muevas…

—Leer.

—¿Qué más?

—Me tengo que ir…

—Ándale. A mí me invitaron a participar en un programa para hacer el Plan de Estudios de una carrera de periodismo, pero el periodismo se aprende aquí, con los reporteros o fotógrafos…

—Si señor… Hasta mañana…

—¡Chingada madre!

Llegadas las vacaciones escolares pude disponer de mayor tiempo, en realidad, me quedaba por gusto y hasta morir. Apoyaba en ocasiones al reportero de guardia Guillermo Valencia. Le detenía o repetía lo de la bocina, cansado él de soportar el auricular entre quijada y oreja, cuando escribía textos que comparaba con lo que le leían algunos ministerios públicos sobre la "Nota roja", al cierre de la edición. Interesante, pero cansado. Aun así, el despedirse del omnipresente jefe a esas horas no le satisfacía.

—¿Ya te vas?, decía con ironía… ¿aprendiste?, ¿qué escribes?

—Todavía nada señor…en la escuela practico, pero…

—Pendejo, ándale… Ya vete.

Lo que no podía compartirle, era de quien sí aprendía.

El primero en llegar era el jefe de información Ramón Cosío, que esperaba la llegada de los reporteros, temprano, para encaminarlos con su "orden de trabajo". No aceptaba que se le pasara la orden por teléfono. Dio la instrucción de que se presentaran temprano, platicaran con él y, salvo en casos especiales, se pasaban por teléfono cuando ya no llegaban los reporteros a la redacción por trasladarse a algún evento.

—¿Sabe usted —me dijo refiriéndose a mí —por qué le dicen a ese auto Cordoba sin acento? Por *mámones*, así con acento, y soltaba la carcajada.

—¿Cómo puede la publicidad decir a un nombre en español que se escriba como su pronunciación en inglés?

—Jo, jo, jo, soltaba con su voz de tenor.

Entre los destellos de la redacción, la hija de un director de cine, recomendada de alguien, ya en edad de madurar y que se comportaba como *junior*, se divertía en la crónica de eventos sociales, a donde le invitaban, y medio escribía en la sección de sociales, cuyo editor era Enrique Castillo Pesado; una de sus bellas secretarias, Adriana Gaspar de

Alba, diva del Ballet mexicano, alternaba como su secretaria, así como una bella y glamorosa rubia argentina, Mirta Blessing, y Alba Velásquez. Sociales operaba de mañana, y los jefes se quedaban más tarde por alguna precisión o trabajo. Lo mejor para nosotros, entre "huesos" ayudantes de redacción, era estar desde temprano, ya que el turno era más relajado que de noche.

Su jefe Mario Calderón, aficionado fisicoculturista, era su delegado sindical, quien les repartía turnos y daba oportunidades a propuestas de novatos recomendados del Sindicato de Redactores de Prensa. Calderón era disciplinado y amante de su trabajo, sin faltas ni retardos, en esa constante del amor por la redacción que se vuelve extensión del hogar de muchos periodistas, además de llevar el equipo de fútbol de la casa editorial a los partidos sabatinos, junto con los fotógrafos y algunos redactores.

En ese ánimo por levantar el prestigio de un diario a donde las costumbres anquilosadas hacían que perdiera relevancia entre los competidores, con reporteros que se esforzaban pero no tenían sueldo seguro, y en muchos casos, se les envolvía en relaciones inconfesables, para publicar por pedido.

El diario se sostenía fundamentalmente por los consumidores del "Aviso oportuno", así como por la búsqueda de anuncios de venta de autos en la era de auge del dicho medio de transporte, en la emergente clase media de fines de los 70. Lo mismo ocurría con las ofertas de empleos y venta de inmuebles que no tenían competencia para el diario. También, los buscadores de compraventa de bienes raíces le buscaban, pero hacían bola de las hojas de periódico con información. Se quedaban con lo que buscaban: la sección de anuncios clasificados.

Los dueños incorporaron una estructura paralela con nuevas plumas y periodistas más "arreados", nuevos, donde no tuvieron cupo los que pastoreaban la profesión, en el afán por hacer de ese diario un competidor serio en la opinión.

En la sección deportiva, don Luis Parra no abandonaba el puesto de glorias anteriores de un editor en jefe, así que don Jorge Escobosa Licona llegó como su jefe editor. Don Luís, ya de avanzada edad, había perdido casi la memoria, pero no dejaba de asistir y armar ambiente. El día de aquella pelea tan esperada, y tan publicitada, de Pipino Cuevas y "la Cobra de Detroit", Tomás Hearns, llegó don Luis y no perdió la oportunidad para hacer la quiniela.

¿Gana o pierde? ¿Quién? ¿En qué round? Era tal la polémica y publicidad de nuestro invencible carnicero de la Bondojito, que pensábamos en el pleito del siglo. Los interesados se pelearon los números en la redacción, quedaban al final los primeros rounds, ya por Pipino o por Tomas Hearns. Fue la gran cortesía de don Luis, su bonhomía, que desde un principio apartó el segundo round. Pero por Hearns, la Cobra, algo que nadie quería, por supuesto. Haber tenido que asistir a trabajar un sábado por mi gran afición por el box, que en familia lograba reunir gran ambiente festivo, me había dejado un tanto incómodo, dada la tiranía del jefe que me hacía ir cuando se le daba la gana.

138

Así que me tocó, junto con toda la redacción, ver aquel memorable combate por la señal de la TV en vivo. Justo al tocar la campana del segundo round, cuando Pipino preparaba su estrategia de cómo golpear al moreno, más alto, más dotado, con larguísimos brazos de alcance, un fulminante derechazo del moreno dio fin a las esperanzas de todo un pueblo de contar con un campeón del mundo, que ya lo era de una franquicia menor, pero, esta vez, era la búsqueda de la gloria máxima por la unificación de títulos de dos organizaciones de boxeo internacional, la Comisión Mundial de Boxeo (CMB) y la World Box Association (WBA), de la cual sostenía Pipino el título de peso *welter*.

Entre acusaciones y vituperios, más en broma que en serio, don Luis tuvo que retener el dinero colectado para sí mismo. Enrojecido de alegría y buena fortuna, celebraba como niño. Un día, mucho tiempo después, en la estación Juárez del metro, justo para abordar, le encontré:

—¡Don Luís!, le llamé. Lucía desaliñado, con un traje visiblemente desgastado, y con los filos sucios; con la barba sin cortar de cuatro días. Me tomó de los brazos, era alto, de ojos azules, pelo blanco y fuerte.

—Tú, ¿me conoces?

—¡Claro!

—¿Sabes dónde estoy? No me acuerdo para dónde voy.

—¿Para el periódico?, pregunté.

—Sí, respondió.

—Aquí, salga y camine dos cuadras.

Se quedó en silencio. No abordó el tren. Ahí se quedó.

Un día, el jefe llegó furioso y me dijo que consiguiera algunas de esas cajas armables que se usan para acarrear objetos personales. Un compañero de la redacción me preguntó:

—¿No viste cómo se agarraron ayer don Mario y Ariel?

—No, ya me había ido.

Don Mario tomó una de sus cajas y salió. Por la tarde, regresó con una sonrisa. Se quedaba.

Cuando las notas estaban entregadas, y se esperaba llamado o precisión de parte de la mesa de redacción, los reporteros participaban en juegos de backgammon: memorables, reñidos, y la fortuna de los dados dando vueltas. Siguió tranquilo otro periodo.

Un día llegué, como de costumbre, y a mediodía llegó el director Ariel. En cuanto me vio, dijo:

—Ven acá.

—¿Tú qué haces aquí?

—Espero a don Mario.

—Vete de aquí.

—¿A dónde?

—Ve a Personal, a ver a dónde te mandan.

Y acabé precisamente revisando una sección de anuncios de "Clasificados". Eso no era para mí. Me enteré que, finalmente, mi superior había salido luego de su rivalidad de criterios de manejo de la información y de los reporteros, por lo tanto, perdimos, salimos por cuerdas, todos los que se creyeron miembros de su equipo, al menos en mi caso. Pero en eso, saltó a mi vista mi empleo adorado: un perfil en la redacción para una revista mensual, cerca, en la colonia Doctores. Fui a dar gracias a quienes tan gentilmente me habían tratado en mi permanencia en el diario, no así de mi principal jefe al que servía, a quien jamás volví a ver, sólo al gran editor de deportes don Jorge Escobosa Licona, padrino de un cercano amigo mío, a quien vi y saludé en su boda.

Ya en mi nuevo empleo iba a menudo a las ciudades de Monterrey y Saltillo, de donde el dueño, miembro de la familia Narro, obtenía recursos. La publicación era de menores tirajes, pero le daba recursos por la venta de publicidad del Estado y nos daba empleo. La mayor trascendencia de ese empleo constituyó la oportunidad de conocer a un personaje de origen boliviano, que un día llegó como jefe de redacción, René Behotegui.

Yo, redactor, y él, un izquierdista consumado, miembro del MIR, partido boliviano de corte socialista y guevarista. Había alcanzado el poder por la vía electoral al mando de Jaime Paz Zamora. Dada la tradición golpista de la nación del centro de Sudamérica, estratégica por su frontera con casi todos los países del cono sur, una vez más, un grupo de oficiales al mando del general García Meza, asumía de facto el poder, en el año de 1980. Como consecuencia, persiguió sin cuartel, al estilo de Augusto Pinochet, en Chile, a todos los liderazgos opositores de las izquierdas organizadas para exterminarlos.

Estados Unidos, antes como ahora, en el año de 2019, reconocía de inmediato a cualquier gobierno antisocialista que cundía por la herencia castrista y guevarista anterior en Cuba, así como por la incursión de Ernesto Guevara de la Serna, el mítico guerrillero, en esa estratégica nación del centro de Sudamérica, Bolivia. Tras su separación del liderazgo de la isla, Guevara habría escogido Bolivia, luego de las disertaciones con el filósofo francés, Regis Debray, quien afirmaba que el país andino permitía las condiciones estratégicas y materiales para el estallido comunista en Sudamérica.

Fue así que seguidores de esas corrientes que habían emergido mediante la lucha político electoral fueron rechazados por los militares conservadores de la zona, derivados de aquella "Operación Cóndor" que patrocinó Estados Unidos contra la expansión del comunismo en el Cono Sur. Así que estos políticos perseguidos por crueles dictaduras sin ley y con todo abuso sobre los Derechos Humanos, huyeron de la dictadura, que no vacilaba en buscar su exterminio. Un puñado de ellos logró llegar a la embajada de México en La Paz, Bolivia, la cual mediante negociaciones diplomáticas logró concederles ciudadanía temporal mexicana, para poder extraerlos de su país y traerlos a una nación segura.

Me contó mi amigo, René Behoteghi Elío, hombre barbado y pelirrojo, cómo había abandonado su patria con lo que traía puesto y una fotografía de algún periódico, donde aparecía en el balcón del Palacio Quemado de La Paz, Bolivia, junto con el mismo, Jaime Paz Zamora, cuando celebraban en el balcón, la victoria, aquel día, meses atrás. Prácticamente, fue su única identificación tras salir huyendo antes de que una patrulla militar llegara a incendiar su casa y le declararan oficialmente muerto en su país, según contó.

Otro de ellos, Fernando, se había escondido dentro de un tinaco lleno de agua, cuando advirtió que llegaba una patrulla militar a su domicilio; derribaron la puerta y no lo encontraron. En cuanto se marcharon, corrió a secarse. En otra azotea, buscó la salida, descendió y se dirigió a la embajada mexicana. Su delito: ser secretario general del Sindicato de Músicos, pastor cristiano, antiabortista. El gobierno militar le hacía objetivo por alguna razón. Su nombre: Fernando Claure.

A otro de ellos lo encontró una amiga cercana, quien había acudido a mi casa a una memorable fiesta que acabé brindando al grupo de refugiados, con motivo de mi cumpleaños, y que, por el rumbo de la Lagunilla, vio un disco del Grupo Musical "Sabia Andina". Ahí apareció en la foto de la portada, Julio César Paredes, extraordinario guitarrista. Esos grupos musicales habían tomado las banderas del panfleto político a través de la música folclórica latinoamericana, por eso le persiguieron y también huyó.

René inició con el acercamiento. Me confió que tenía que vender su pluma a quien le había dado este empleo y que representaba, a su juicio, lo más rancio de la derecha mexicana. Le pedía el dueño y director de la publicación que escribiera cual Judas, y que vanagloriara a tal o cual editorialista del periódico por excelencia de la derecha de entonces, el *Heraldo de México*, donde comentaristas despotricaban todos y cada uno de sus escritos contra, Fidel Castro y el comunismo. Luego, nos bromeaba por ese acento "chilango" que a leguas se nota:

—¿Que pasooó, Alma? Le bromeaba a la secretaria, y ella le contestaba que él hablaba entre argentino y chileno, imitando su tono, cosa que le hizo despotricar.

—Chileno, jamás. En la Guerra del *Chaco* dejaron a Bolivia sin salida al mar.

Un día, René estaba más triste que antes:

—Estamos en un hotel de República de Uruguay, me dijo. Salgo de aquí, llego allí y estamos sólo viéndonos la cara unos a otros. No conocemos a alguien a quien visitar o para dónde ir, si no conocemos ni siquiera la ciudad.

El peso del exilio, pensé. Compadecido de su situación me llegó la ocurrencia.

—Mira, yo nunca celebro mi cumpleaños. ¿Vendrías a mi casa con tus amigos el próximo sábado?

—Claro.

—Nos vemos en el metro Tacuba a las 12.

Llegaron 12 bolivianos exiliados. Afortunadamente, mi automóvil Volkswagen Safari era descapotable, así que se acomodaron y partimos al pequeño departamento. En el lugar aguardaban amigas mías de estilo pequeño burgués, compañeras de una de ellas, mi querida amiga Elvia, de la Universidad Femenina de México, en Constituyentes. Bajo el brazo, las invitadas, traían discos de música *disco*, para amenizar un posible baile. Unas cinco de ellas nos acompañaban, más algunos familiares.

144

Sonaba música bailable a volumen prudente en una unidad habitacional de edificios, así que, de un lado, ellos y, de otro, ellas, en medio, el anfitrión que, de momento, pronosticó una enorme falla en organizar eventos de celebración, como se lo había advertido anteriormente a mi buen amigo boliviano, René. Mi madre se presentó con los invitados, y de inmediato advirtió que sobraba en el fallido evento, así que, de la mano de su esposo, se retiró despidiéndose, cuando la interrumpió uno de ellos, señalando una guitarra que pendía de la pared.

La guitarra era a menudo usada por sus hermanos, con los que mi madre ensayaba y, a la mínima provocación, todos estaban cantando, cualquier sábado, con bebida y desvelada. Así que mi madre asintió.

—Es mía.

—¿Me la presta?, preguntó Julio César, miembro de un grupo de música folclórica de su nación.

—Claro, tómela, respondió mi madre.

La habilidad para ese instrumento mostrada por hermanos de mi madre siempre me sorprendió, pero nunca había escuchado sonar a ese instrumento como aquella noche en la que, junto con otros instrumentos que repartió mi madre, terminó todo en un gran festival donde, inspirados los músicos de oficio, cantaron y bailaron con familiares y amigos hasta el amanecer. Destacó también la actuación de mi querida amiga Elvia, que les interpretó melodías rancheras mexicanas de: "Chun tacha... chuntacha... chun-tacha". Y al cantar "Volver, volver", hizo que lo mismo indígenas aimaras, guerrilleros, y dirigentes sindicalistas o ministros, que se encontraban cual simples ciudadanos, lloraran aplicando con nostalgia la letra de la melodía, al deseo de volver a su patria.

— "Y volver, volver, volver, a tus brazos otra vez…"

Uno de ellos, aimara apodado "el Camba", excedido de tragos, aseguró:

—Mañana me voy a Perú, ingreso por Copacabana y levanto a los camaradas…, ya no aguanto…, enfrentémoslos…

Y le consolaban otros. Recuerdo que agotaron las bebidas del pequeño bar de casa. Al final hasta unos licores de sabores de Toluca eran aceptados cuando ya asomaban los primeros rayos del sol, y después de que mi amigo René bailara una típica samba boliviana con mi madre. Partieron exhortados por los más conscientes, a quienes llevé a punto del sueño al metro Tacuba, muy temprano. Hubo un par de visitas posteriores de cortesía, y uno de ellos trabó tal vez noviazgo con una de ellas. Seguí frecuentándolo hasta que los pagos en la editorial fallaron, y un trabajo seguro en una empresa pública me atraía, dado que permitía continuar con los estudios. Ahora, chofer de noche, dejé de ver a los bolivianos.

Después de casi cinco años de turno de noche, hubo oportunidad de pasar al turno matutino, aunque con descansos entre semana. En cierta ocasión, aficionado siempre a los radionoticieros en aquellos vehículos de la empresa que en mi empleo de operador de vehículos conducía, estaba escuchando el radio. No todos contaban con radio a.m., y, mientras sintonizaba "Radio Monitor", que José

Gutiérrez Vivó conducía por las mañanas, se refería al tema de la Cumbre Antidrogas, convocada por el presidente de Estados Unidos, Ronald Reagan, que había invitado al repuesto presidente Jaime Paz Zamora en Bolivia, así como al presidente de Colombia.

Gutiérrez Vivó anunció que entrevistaría al encargado de negocios de la embajada de Bolivia en México, René Beotheguí Elío, nada menos que aquel amigo que llevé algún día a casa. Era su ronca voz, sin duda. Yo me encontraba de regreso de un servicio a la estación Auditorio del metro, muy cerca de la avenida Campos Elíseos, donde era la sede de la embajada, por lo que decidí, aunque llevaba uniforme de Técnico, desviarme a saludar.

En cuanto me anuncié, salió de su oficina a recibirme y darme un gran abrazo, no sin soltar alguna lágrima. Me presentó a Jorge a quien apodaban "Coco", que refería cómo fue comentado el festín en mi casa. Le comenté que alguna vez ellos me habían invitado a comer en el hotel donde los refugiaban, en la calle de República de Uruguay, en el Centro Histórico de la Ciudad de México, y conviví lo que se pudo con casi todos ellos. Platicamos de las vueltas de la política en su país y cómo habían restablecido la democracia, así que me invitaron al baile de celebración de la Independencia, al cual acudí semanas después, para verlo perderse entre tragos y diplomáticos dispensándome poca atención. Fue la última vez que vi a René.

En 2014, con el deseo de seguir con la historia, hubo la oportunidad de asistir a Lima y Cuzco, a la monumental Machu Picchu, y llegar por la orilla del Titicaca, en Puno, la última frontera peruana, para pasar en autobús y cruzar el lago más alto del mundo, con destino a la capital techo del mundo: La Paz, donde estaba todo lo que aquellos amigos me habían invitado a conocer, seguros de recibirme cuando así lo gustara. No me detendré para decir la cantidad de favores que hice a varios de ellos.

Localicé a mi amigo René, justo en el Ministerio de Relaciones Exteriores de La Paz gracias a su directorio en internet. Observé los mapas y pedí a un agente me dispusiera un boleto, casi de madrugada, para llegar a una distancia de 120 kilómetros, por lo que debía llegar a ese ministerio antes de las 12 para que una persona pudiera llevarme o decirme donde localizarle, como me habían propuesto vía telefónica desde Cuzco, cuando me comuniqué.

Por la mañana, antes de las 5 a.m., abordamos un autobús que humeaba y, al parecer, el vehículo era un modelo muy viejo. El conductor detuvo primero la marcha antes de abandonar el Perú, en una vivienda en el camino, donde descendió sin detener el motor, compró diesel en tambos y los vació en el pullman. Más adelante, nos hicieron descender del automotor para abordar lanchas que se filtraban por todos lados y, a su vez, el autobús montado en otro lanchón, atravesaba el canal del lago en la parte más angosta. Luego, esperar a que el autobús correspondiente volviera a retomar la carretera. Más adelante, paró en la frontera, y para pasar a Copacabana, Bolivia, había que sortear una aduana que me recordaba la frontera de Chetumal-Belice en 1973. Para colmo, en el camión venía

148

un grupo de chinos que no atinaban a llenar el formato de ingreso en idioma chino. Fueron horas de retraso.

Llegamos a Copacabana y abordamos otro autobús del que nos bajaron, junto con argentinos que venían de la Islas del Sol y la Luna, atractivo vacacional de jóvenes que se embriagan en fiestas estudiantiles veraniegas, lo que hizo que perdiéramos más y más tiempo. Cuando por fin íbamos a ingresar, alguien nos advirtió que en Bolivia difícilmente aceptan sol peruano o dólar, sólo el *boliviano*, nombre de la moneda local, que hay que comprar para lo que se ofrezca, por lo que cambiamos el dinero en puestos parecidos a tianguis de los que se ponen ambulantes. Fue una acción afortunada porque, ya internados en el territorio, éste se diferenciaba de la frontera peruana por la basura acumulada en calles y plazas, así como por la abundancia de población aimara. En lo general, pude percibir que entre los pobladores —a todos los que pregunté— querían a su presidente Evo Morales, de origen semejante a su etnia extendida por el país. En esta región se cultiva la hierba coca, sembrada en patios, veredas y jardines, permitida y siempre sujeto de compra. Todo el camino, desde Perú hasta Bolivia, se aprecia la hierba sembrada. Dirán los que cultivan:

—Ya está vendida cuando la pode.

Lo demás era sortear una carretera de dos carriles en sentidos opuestos, que constantemente estaba rota, desecha o debía escalar por las laderas. Recuerdo que alguna campaña del presidente Evo anunciaba techo para todos, y es cierto, ya que en las ciudades del interior se aprecian múltiples viviendas unifamiliares, construidas de tabique rojo y con techos de lámina que espejean al paso del sol, el cual, brillante, me indicaba que casi rebasaba el meridiano sobre nuestro destino. Luego de horas de camino, y ya desechada la oportunidad de encontrar a mi amigo en la corta estancia por la capital boliviana, me di cuenta de que en esos países andinos se recorren las distancias más lentamente.

Haber sido corresponsal, o haber concertado profesionalmente la entrevista con el ministro, viejo amigo mío, hubiera hecho que naufragara por la confianza sobrada de llegar y trasladarme en países con una infraestructura que me recuerda al México de los años 60, por el que paseaba durante largos recorridos en los autos familiares de mis tíos. De pronto, estaba una ciudad polvorienta, caótica, donde el autobús sorteaba personas y caminantes en todos sentidos, así como motos con remolque de pasajeros, "toritos" que circulan en todas direcciones. Poco a poco, aparecieron comercios y edificaciones urbanas como en la plaza de "El Alto", aún más alto que la capital más alta del mundo, donde las mujeres usan sombrero bombín negro, con ropas de envoltorios, en general, de lanas coloridas por el ambiente frío, aunque soleado. Muchos indígenas muestran la espalda ancha en la parte alta, tal vez por la necesidad de jalar el escaso oxígeno a esas alturas de las planicies sudamericanas de los altos Andes.

Pude apreciar el aeropuerto internacional, de donde debía partir la mañana siguiente a Cuzco. Tomé nota del tiempo y distancia de ahí a La Paz, para no incurrir en el mismo error de calcular mal los trayectos en países con menos recursos de infraestructura que México, y en alguna ocasión que lo demandara mi profesión. Al fin en La Paz, hice por llegar para encontrar el ministerio cerrado a las 18:15 horas.

Con precios más inflados que en el Perú, recorrí la plaza del Palacio Quemado, donde ondeaba la bandera multicolor, arco iris de la República Plurinacional de Bolivia, gobernada por la mayoría aimara de Evo Morales, ya por dos periodos, entonces. A mi parecer, sin abusos, y con lo mejor de la justicia para los oprimidos. Era una mayoría, herencia, al final, del guevarismo sembrado en las izquierdas.

Fue complicado acceder a un hotel con la tarjeta Visa que traía, ya que sólo aceptaban MasterCard. Encontré al final uno cerca del ministerio, todavía con la esperanza de encontrar algo interesante, hice el último esfuerzo.

Cierta ocasión, la esposa de mi entrañable amigo, que algún día emigró de mojado por la Bestia, Humberto —a quien cito en otra parte de este relato—, fue trabajadora del periódico *La Jornada* en la Ciudad de México. Un boliviano, miembro de aquel grupo de refugiados y que alcanzó el puesto de administrador general del diario capitalino, fue su jefe y es su amigo desde hace años. Enterado José Morales por nuestra amiga en común, de que yo había sido anfitrión de aquella fiesta memorable, José Morales me invitó a su exposición en la Sala Ollín Yoliztli, al sur de la capital mexicana. Entre sus virtudes, estaba el tallado de madera. Morales me festejó cuando me conoció, pero no más que "Coco", quien, en esa ocasión, en ceremonia de inauguración de la exposición de escultura, ya era embajador plenipotenciario de la República de Bolivia. Me saludó efusivamente.

Otra ocasión, don José me invitó por medio de mi amiga y compañera de trabajo suya, a su casa en la zona del bajo Ajusco de la Ciudad de México. Recuerdo que chocó con la puerta de cristal que no advirtió cerrada, afortunadamente, sin consecuencias. Convivimos así en alguna fiesta.

Nuestra amiga "Toni" sigue frecuentándolo por redes sociales, así que me proporcionó el número que llevaba conmigo, por si había oportunidad de saludarle. Por desgracia, cuando hice la llamada, me informó que su residencia era en la ciudad de Cochabamba. Lo hizo en un tono no muy cortés, como suele ser el de la mayoría de los bolivianos, pensé, por su cultura. Me sugirió que buscara a mis amigos en Facebook. Agradecí y me despedí.

Para el año 2019, una nueva sacudida golpista en el país andino trajo a mi memoria a José Morales y me preocupé por su suerte. A través de sus hijos, me enteré que lo que sí lo puso en peligro fue el mal de Alzheimer, que finalmente lo ha disminuido. Entendí aquella "descortesía".

No obstante, aquella ocasión acepté su sugerencia y encontré al cantante Julio César en la red; en esos días, pedía ayuda para la donación de un riñón para su hijo. Se me hizo inoportuno buscarle. René no tenía página de Facebook, pero por la red pude conocer de sus publicaciones. Jamás ha mencionado su estancia en México, al menos en lo que vi publicado. Supe por él que, en pleno disfrute y adaptación a la vida mexicana, había aceptado dar clases en Acapulco. Lo disfrutó, conoció ciudades fronterizas, tal vez Tijuana, y me comentó cuando lo vi en la embajada que algo le marcó de esa amargura que siempre trató de evitar.

Aunque mi objetivo no era pedirles algo, me hubiera gustado saludar al menos a uno en persona, y aprovechar mi corta y fortuita estadía por ese lugar. Descansé en un sitio caro porque no tuve alternativa para disfrutar más, ya que era el inmueble de alguna villa algo antigua e histórica bien conservada, pero el hotel era muy bonito. Cuando liquidaba mi adeudo, y mientras esperaba a mi bella acompañante de siempre, aun inconforme, inquirí al administrador del hotel.

—Oiga… ¿No han notado que es terrible como de Puno a La Paz, que son 147 kilómetros, se ocupen 12 horas de tiempo?

—Pues, ¿por donde llegó? Debió buscar la ruta de acá…

Y repongo.

—Es una lástima que haya perdido una cita y no cuente con más tiempo.

—¿A quién buscaba?

—A varios amigos.

Me gusta platicar con gente así para conocer, suelen ser los mejores guías, así que pregunté por el que era más famoso, según me dijo, algún día antes, por aquí: Fernando Claure. Uno de ellos, me replicó exaltado.

—¡Es el pastor del templo que está aquí a dos cuadras!

No había tiempo para esperar a que lo abrieran, así que…, finalmente quedé satisfecho. Creo que algo quedó de la gesta de Ernesto Guevara de la Serna en este país de mayoría indígena. No había forma de saber si los sudamericanos habían sido agradecidos o recordaran de buen talante la hospitalidad de mi país y su gente. Pero así somos en la Ciudad de México. Los buenos, los más. Damos todo y somos solidarios por una cultura que lo tiene todo, además del mejor país del mundo. Seguirán pasando, seguirán viniendo a la ciudad, y al país, porque aquí somos generosos.

Para este año de 2019, aunque finalizó la Guerra Fría, los polos que amenazan al sistema capitalista mundial son inmediatamente combatidos, y eso sucede paradójicamente otra vez en Bolivia.

Cual guion de novela política, estuvo involucrada una vieja oligarquía, que ya antes había cobrado la muerte del líder revolucionario socialista Ernesto "el Che" Guevara, quien vislumbraba en ese país del centro de Sudamérica, el terreno fértil para una nación socialista igualitaria y fraterna. Dicha utopía fue transformada por el presidente de la mayoría indígena boliviana, Evo Morales Ayma, miembro de la etnia Aymará, predominante y aceptada por los otros credos indígenas de la región, quienes para el año 2019, luego de dos reelecciones, deseaban la cuarta. Hicieron todo por mantenerlo en el poder.

Este episodio llegó a su fin con el viejo método de los años 70 del siglo pasado, empleado en esa región por los Estados Unidos y sus aliados regionales, que, aunque minoritarios, conservaban el control de la fuerzas armadas, tal como lo hizo Augusto Pinochet en 1973, en Santiago de Chile. Se recurrió a la fuerza de las armas para hacer renunciar y deponer a un gobierno que había alcanzado el poder con las propias reglas creadas por las democracias impulsadas, luego de años de inestabilidad política, por los aliados de la potencia capitalista mundial, Estados Unidos.

Evo Morales, depuesto, humillado y acosado, encontró nuevamente cobijo en el "hermano mayor" de Latinoamérica, en septiembre del 2019, en el vecino rebelde de Estados Unidos, quien, por su parte, ha vuelto por la ruta de la doctrina del golpismo en esa región.

El triunfo de Andrés Manuel López Obrador en el año 2018 retornó a la *Doctrina Estrada*, aquella basada en el no intervencionismo en asuntos internos de otros países, y es solidario con el refugio a los perseguidos disidentes del golpismo promovido por su vecino estadounidense, suave desafío del "hermano mayor" de Latinoamérica, que ha apelado a la buena voluntad, y a su buena vecindad de país con decisiones soberanas ante un país con tintes imperialistas.

10

SERVICIO SOCIAL "AÉREO"

En 1989, tuve oportunidad de acceder en los transportes aéreos del secretario de Agricultura y Ganadería, Eduardo Pesqueira Olea, quien tenía a su disposición, al menos, dos helicópteros Belt 212 para 12 personas. Dos de ellos y un tercero fueron adaptados para seis personas, donde abordaba una edecán de servicio cuando había alguna gira o disposición del secretario para lo que solamente él sabía. Una nave tenía servibar y comisariatos (platillos concentrados en viandas a base de carnes y finísimos quesos) que debían surtirse por contrato cada tercer día.

Trabajé ahí en labor de servicio social, gracias a que mi buen amigo Guillermo, ya fallecido, quien había logrado escalar desde mensajero de motocicleta —misma que le tuvimos que enseñar a usar para obtener el puesto—. Antes de ello, él necesitaba ingresos para apoyar el gasto de su madre abandonada y sus dos hermanos. Logró ingresar por ayuda de otro de los buenos amigos, que tenía un tío en ese sector. Gracias a su habilidad de investigación de precios de cambio del dólar, cuando éste entró en las terribles fluctuaciones y devaluaciones de 1976, 1987 y 1994, se convirtió, con el tiempo, en administrador de gastos de operación de ese hangar.

Recuerdo cuando mi tío me dijo que yo tenía que buscar empleo:

—Porque nadie más que tú te vas a proporcionar los recursos que requerirás.

Mi tío hablaba conmigo y me orientaba. Agradezco se haya preocupado. Además, me dijo:

—Aprende a manejar y métete de chofer. Como eres estudiante, vas a ir con el jefe en la cabina del transporte o auto. Haz que te conozca.

En este caso, era chofer de mi amigo administrador, que constantemente debía depositar en bancos y casas de cambio cuando se requería dinero con dólares en efectivo para los viajeros. Había que abrirles caja antes de abordar a vuelos internacionales. La ventaja era que por eso andaba prácticamente de paseo en esos transportes, como cuando llevamos los perros antibombas al Campo Marte junto con personal militar y la ropa del presidente. Como debíamos ir a cambiar a buen precio por dólares hasta Tacubaya, nos dijeron que nos fuéramos en la nave que iba hacia el Campo Marte, pero en plan familiar para bajarnos y pasar inadvertidos. Debíamos manejar fuertes cantidades de dinero en efectivo para cambiar en dólares. En esa ocasión, hasta llevé mi sobrino, y nos regresamos en metro hasta el hangar en Pantitlán.

Recuerdo haber visto bajar al regordete secretario, atravesado de varios tequilazos. Dio un salto a unos dos metros antes de que bajara del helicóptero que le transportaba al llegar de alguna "gira" porque le gustaba el peligro y el show que tanto hacía reír al presidente Miguel de la Madrid. Eran la "Familia Feliz", como les apodaban. El secretario Pesqueira acabó por ponerle una peluca de rubia a Carlos Salinas de Gortari, en la Plaza de Toros México, a pleno sol, en una corrida, para hacer reír a don Miguel. La jocosidad que era parte de su personalidad terminó en su persecución y dio fin a su carrera política cuando Carlos Salinas de Gortari asumió la presidencia. Lo acusó de malos manejos y estuvo a punto de internarlo en alguna prisión; tal vez le pidió perdón y fue dejado en paz, desapareciendo de la escena política. Cara le salió la broma al gordo.

Aquella ocasión llegamos al Campo Marte en helicóptero, y el piloto nos indicó que, en cuanto tocáramos piso y abriera, descendiéramos y sin mediar palabra buscáramos la salida porque iban a meter perros a revisar que no hubiera artefactos extraños al interior de la nave. Así, bajamos cuando los soldados se acercaban por todos lados con el arma descubierta y preparada.

Nos observaron hasta que nos perdimos entre los árboles que rodeaban el helipuerto empleado como pista de entrenamiento y para festivales de equitación. Recuerdo en el camino haber pasado por el helipuerto de la Torre de PEMEX, construida cuando José López Portillo recibió la noticia de que éramos ricos en petróleo. Endeudó al país, si bien para invertir en crecimiento, debido al alto precio del combustible, con lo que logró la confianza de los financieros internacionales. El petróleo luego perdió valor, y ya no hubo como pagar en petrodólares.

—Perdón, dijo… Les fallé.

Muchas veces viajamos en esas naves, dado que iban vacías hacia alguna entidad por una gira del secretario; helicópteros o bimotores Cesna se adelantaban a las localidades aeroportuarias en espera del numeroso personal que acudía para explicar el estado que guardaba algún programa que tuviera que ver con el agro.

Aguardábamos la nave de regreso, y regresábamos a casa, a veces, el mismo día. También brindaban servicios de fumigación especializada; por ejemplo, el programa Moscamed, la plaga del mediterráneo que llegó a América. El insecto terminaba por exprimir todo el jugo a las naranjas antes de ser cosechadas.

Los biólogos especializados liberaban moscas esterilizadas en laboratorio, las cuales permitieron extinguir la plaga. Nosotros, como personal de apoyo, nos quedábamos literalmente estacionados mientras visitábamos las ciudades cercanas a los eventos. Comíamos y esperábamos el regreso. En varias ocasiones, volamos en esas formidables naves gracias a la oportunidad de prestar ahí mi servicio social, sobre todo, cuando se interesaron por las fotografías que me gustaba sacar con una Nikon preciosa que me trajo de fayuca mi cuñado.

Antes había el mismo comercio de *stereos* para auto y aparatos electrónicos. Por ley, estaba prohibido adquirir sin pagar aduana y el impuesto que les encarecían, pero, extrañamente, cualquier ciudadano *chilango* (como se denomina a los habitantes de la capital mexicana) sabía que, en Tepito, el eterno tianguis derivado de la zona comercial prehispánica de Tlatelolco, se abastecía de toda clase de importaciones de primera línea, que ya eran comunes más allá de la frontera con Estados Unidos, en la capital mexicana.

En Tepito podían adquirirse artículos fayuqueados regateando el precio y, una vez logrado el acuerdo, los vendedores lo envolvían en bolsas de plástico dobles y oscuras para salir al auto o la estación del metro, ya fuera con una tele o un modular de importación de moda y de novedad, la famosa *fayuca* de la que todos sabían, pero nadie sabía dónde se vende, si preguntaba la autoridad.

Posteriormente, el camino me llevó a desempeñarme como periodista *freelance*. Eran tiempos en los que la política mexicana se hacía en un sólo lugar, en la era del *priato* en la que dominaba el partido hegemónico en México, el famoso Partido Revolucionario Institucional. No había hoja del árbol que se moviera sin el soplido de un político pasado por las filas del partido fundado por Plutarco Elías Calles. Llegó entonces una gran oportunidad de trabajar en el seno del tricolor, no por el salario mísero y con retrasos, sino por la oportunidad de observar de cerca la *Realpolitik*.

De la mesa de los poderosos, caen las migajas

Era un privilegio estar, observar y oír aquellas juntas de comités del partido, donde líderes como Rafael Oceguera Ramos, Roberto Madrazo Pintado, Humberto Lugo Gil, César Augusto Santiago, y otros, que se reunían alrededor del presidente de su partido, el senador Luis Donaldo

Colosio Murrieta, fiel seguidor de la política del presidente, Carlos Salinas de Gortari, incluida la posibilidad de transformarlo para el futuro, en Partido Solidaridad, con la idea de borrar la herida electoral de 1988, la sospecha del fraude electoral por la *caída del sistema*, frase que pronunció el secretario de Gobernación del presidente Miguel de la Madrid Hurtado, Manuel Bartlett Díaz, cuando, ante la falta de resultados electorales prometidos en la elección de 1988, con sarcasmo o sin él, pronuncio las palabras que marcaron el principio del fin de la hegemonía del PRI.

Aceptar ese empleo mal pagado era una oportunidad, ya que en los cargos directivos estaba un antiguo superior mío de *El Universal* y parte de una dinastía de hermanos periodistas políticos todos: don Emilio Cárdenas Cruz, exdirector del diario vespertino *El Universal Gráfico*, que coincidía con mi compañero de generación, amigo y colega, Juan López. En un amarre de pinzas, me convencieron por un ínfimo salario. Para mí, lo importante era que pudiera combinar mi empleo fijo y, por las tardes y fin de semana, apoyar la Dirección Nacional de Información del Comité Ejecutivo Nacional del partidazo.

Ante un PAN que fue su eterno competidor en la oposición de corte demócrata cristiano, al que prácticamente se rindió el PRI por los dudosos resultados de 1988 y la alianza con Diego Fernández de Cevallos, el liderazgo visible y *pactista* del partido opositor que había quedado en tercer lugar; en la oportunidad se aliaba con el presidente para frenar la oleada de "izquierdismo", como se asociaba a la agrupación de corrientes y partidos que impulsaban la candidatura de Cuauhtémoc Cárdenas, descendiente del general que asomaba con arrebatar el poder por las urnas, después de 70 años de priato.

Ese era el escenario que representaba un bombón para alguien a quien le entusiasmaba y apasionaba el seguimiento de la *Realpolitik* nacional. Nada más y nada menos que la cúpula de la fuente de la política parlamentaria del país por dentro.

Años después, el presidente Carlos Salinas de Gortari había conquistado y seducido tanto a medios masivos de comunicación —muy restringidos de opciones en el México de 1990— como a decenas de pobres a través de programas de asistencia social, fundación de nuevas colonias *Solidaridad*, anuncios y publicidad hasta el hartazgo de su secretario de prensa Otto Granados. Todos estos elementos contribuyeron a crear mundos ideales y el deseo de integrar la economía mexicana a la estadounidense con un tratado de comercio libre.

La prensa se moderniza

La prensa estrenaba el fax, medio de transmisión que facilitaba los envíos de información que sustituía la bocina de grabadora a teléfonos por alambre de cobre fijos o por mensajería a sedes a través de motociclistas, o por medio de Telex, no siempre disponible en lugares de giras por el interior del país, por lo que se habilitaban en salas de prensa mediante operadores de la Secretaría de Comunicaciones y Transportes a las oficinas de prensa, sólo para eventos de relevancia, ya que el cable foto estaba reservado a los grandes medios.

Sin embargo, estar del lado de la fuente tiene otra perspectiva, ya que hay decenas de representantes de medios que viven de las relaciones públicas con los directivos. ¿Qué periodista profesional de México de la fuente política no lo sabe? Claro, con honrosas excepciones que se cuentan con la palma de una mano, pero para obviar nombres, precisiones y señalamientos que ofenden, todos caben en la excepción.

Fue una reportera del *Excélsior*, quien me lo hizo notar; cuando en la Asamblea Nacional del Partido en el Palacio de los Deportes en 1991, en plena "cacería" de quien en este caso debería "disparar" boletines captados por audífono de grabadora constantemente, apunte o copias estenográficas en decenas de cuartillas, me puse a buscar una buena máquina eléctrica para acelerar la emisión. Coordinado con ayudantes y jefes, me dispuse a escribir, pero ella se encaprichó y me gritó que me quitara del lugar porque requería esa máquina; simplemente me opuse por la importancia de la labor que tenía encomendada. El director, con voz generosa y bonachona me pidió que se lo diera.

—¿Ves, pinche gato?, sentenció la entonces periodista de *Excélsior* Lourdes Galaz.

Y no hubo más que ser *institucional*, tragar la humillación y cargar con más trabajo en equipo del que hubiera sido necesario.

De giras y chayotes

Por lo demás, la importancia del relato coincide con la existencia de esa gratificación misteriosa como los fantasmas de los que todos hablan, de *eso* que conocen, pero nadie lo ha visto. El estelar *chayo*, derivado de chayote de espinas, que dicen se te pega en la mano y no se puede soltar, ¡no se cae! Es un sobre blanco o en papel manila con "x" dotación de billetes de moneda corriente, sin nombre, remitente o texto. Completamente limpio. ¿Existe o es mito?

Tuve que abrir espacio a regañadientes con mi noble y gran jefe en la empresa donde trabajaba entonces, para que me autorizase acudir a una gira de trabajo a Huejutla, Hidalgo, entre semana, muy temprano, prometiendo de mi parte regresar después de la comida a sacar los pendientes, sería de ida y vuelta. Que se enoja, pero no dijo que no.

Llegué a las seis de la mañana con mi amigo fotógrafo, a quien casi infarto dada su puntualidad, su virtud y mi falla por el retraso.

Andar por todos los sitios de mi ciudad en automóvil desde los 16 años me ha permitido calcular tiempos y trayectos, pero nunca falta algún imprevisto cuando se vive en los suburbios de la periferia de una urbe con aeropuerto a 35 kilómetros de distancia. Llegué retrasado, pero a tiempo al hangar del partidazo situado junto al hangar presidencial, ¿por qué no?

—¿Sabes a qué vamos?, me preguntan.

Me volteó a ver un senador por el estado de Hidalgo, miembro del Comité Ejecutivo del partido quien encabezaba la comitiva. Me miró fijamente, apretó la quijada, meció la cabeza un poco sin quitar la mirada. Observaba al reportero sin dirigirse a mí, joven novel fotógrafo, con el que completábamos el *pool* necesario para boletinar con imagen. No me conocía en persona.

Aquí, antes como ahora, tiene uno que estar al tanto de lo que pasa en el ambiente político y, en ese caso, por lo de Veracruz, que se inundó y que una localidad del estado de Hidalgo, Huejutla, límite entre San Luís Potosí y Veracruz, zona estratégica de reserva electoral del PRI, era el lugar que había sido visitado poco antes por Cuauhtémoc Cárdenas, después de la tragedia por el paso del huracán Diana" en tiempos de campaña por elecciones intermedias, a donde reclamó a las autoridades por el abandono de los damnificados en ese bastión priísta.

—¿A dónde están las autoridades cuando se les necesita?, fustigó el candidato de las izquierdas.

Lo demás bastaba con poner atención a su mensaje y oratoria en los mítines que, a nivel de calle, en varias concentraciones de gente convocadas por líderes locales a donde se obsequiaban tanques de gas, estufas y colchones, llegaba el senador del estado:

—A donde está Cuauhtémoc, ¿eh? Arengó en el mitin más concurrido con unas 70 personas.

—¿A dónde sus oficinas, a ver...?

Al fotógrafo se le pedían fotografías con imágenes de gente en un plano de tal forma que se viera concurrido. Después el público recogía enseres domésticos.

Y el senador traía en el cuello un collar de flores, que resaltaba por su blanca tez y cabello trigueño, entre la multitud de raza bronceada y al que las manchas en sus axilas mojaban la camisa de corte urbano arremangadas, dado el intenso calor de esa zona tropical, lo hacía sudar copiosamente.

Y, entonces, reclamé la broma a quien siempre había sido mi compañero camarógrafo de giras, porque lo dejaba en su domicilio y pasaba por él, en ocasiones, por la mañana, ya que me quedaba de camino. Él me recomendó al fotógrafo que me acompañó esta vez, a quien cedió su lugar de siempre como parte de mi equipo. Osco generalmente, poco a poco, y cómo me pedía prestado para completar quincenas:

—Llevas a mi *Ponchito*, ya que él era Alfonso y lo apadrinaba en ese oficio.

—Ah

—Oye, ¿cómo está el clima en Huejutla, sabes? Pregunté porque entonces no había Internet.

—¡Ah…, muy frío! Lleva camisa calientita.

¡Con la cual casi me derrito y deshidrato por lo cálido húmedo de la zona!

Después de varios mítines, que no rebasó los 50 asistentes el más concurrido; más fotos y, luego, a las oficinas del ayuntamiento y al salón de cabildos, donde le aguardaban demandas por gestiones y demás retrasos agrarios y de abasto de semillas. Una vez dentro, cerraron la puerta. Mi amigo fotógrafo y yo aprovechamos —dado lo largas y tediosas que suelen ser esas reuniones— el tiempo para refrescarnos. Invité a mi amigo y compañero un refresco en una tiendita frente al Ayuntamiento. La sed agobiaba. No acababa de destapar el refresco cuando percibo que la comitiva abordaba sus vehículos y se iban. Me habían abandonado con todo y fotógrafo. Pagué los refrescos y corrí junto a mi compañero con inútil esfuerzo.

—Se fueron.

—¿Hacia dónde?

Vi una patrulla municipal y de inmediato demandé al que se veía con más alto grado de la policía.

—Señor, somos equipo de prensa del senador y no tuvimos cupo en los vehículos de la comitiva. ¿Pudiera ordenar me lleven, dada la importancia del comunicado?

Y ordenó con mando al patrullero.

—Llévalos…

Con sirena abierta, dimos alcance a la comitiva que ya había abordado el *Turbo Commander*, que accionaba sus motores de turbohélice cerca de la pista para su despegue. Me dio la bienvenida el senador…

—¿A dónde te quedaste?

—Veníamos en otra unidad, señor.

Me miró fijamente. Todavía alcanzó a abordar alguien que no venía en la comitiva original y hacía sobrepeso, así que viajó en la escalinata de la nave, el secretario de prensa del senador por Hidalgo que pidió un "aventón". Uno de esos que luego sería mencionado en la investigación del "segundo disparo" de Eduardo Valle, "el Búho", sobre el asesinato del candidato a la presidencia Luis Donaldo Colosio Murrieta, luego de un mitin de su campaña a la presidencia en 1994, en una polvorienta colonia de Tijuana[29].

Llegamos a la ciudad de regreso, a eso de la una de la tarde, tiempo suficiente para preparar el boletín que llegaba a la edición vespertina del día. Al poco tiempo estuvo listo para entregar a teletipos y medios para su distribución.

Mi buen y estimado amigo Juan lo tomó y leyó en original, en hoja membretada. Me pidió que me dirigiera a la oficina del senador, asesor de la Secretaría de Prensa del Comité Ejecutivo Nacional del PRI y del presidente del partido, para obtener su visto bueno. Así que me dirigí desde el subsótano hasta la secretaría general, en el segundo piso del edificio Norte de la sede nacional del PRI.

—Buenas tardes, me recibió, el asesor del asesor, aquél que había subido de último minuto al *turbocommander*.

—Traigo el boletín para que lo revise el senador.

—Gracias.

Ingresó. Luego de pocos minutos volvió:

—Que por favor lo envíes. Está bien.

Acompañado de un sobre color manila de un cuarto de tamaño carta.

—Gracias.

---

[29] Eduardo Valle es el exlíder del movimiento estudiantil de 1968, encarcelado después del movimiento, quien purgó una injusta condena en el Penal de Lecumberri en la Ciudad de México. En el sexenio de Carlos Salinas de Gortari fue invitado por Jorge Carpizo Mc. Gregor, entonces Procurador de la República, al camino de la investigación del Estado, del lado de la Sociedad, como subprocurador, también en la Procuraduría General de la República.

Antes de llegar, lo abrí. No tenía rótulos ni firmas e incluía una proporción del sueldo de mes y medio en billetes.

Pregunto a mi Jefe y amigo:

—¿Oye qué onda con esto?

—Mira, tu primer "chayo".

—Oye, pero si es mi trabajo, yo sólo describo lo que vi, para eso me pagan.

—Pues mira, le gustó, guárdalo "gordo", es de ¡buena suerte!

En otro apartado describiré cómo salí de ahí, no en los mejores términos, pero sí con "huella".

11

SE REMATA LO QUE ES DE TODOS

Aguas con la mafia

Camino al trabajo, escuchaba en la radio, otra vez, en el noticiero de Monitor con José Gutiérrez Vivó, una impactante información: habían acribillado al secretario general del partido en el poder, el PRI, del recientemente electo presidente Ernesto Zedillo. Un diputado por su partido le había postulado, en primer lugar, de la lista de candidatos y, por lo tanto, líder de su grupo parlamentario en la H. Cámara de Diputados, resultado de la elección de 1994. Faltaban dos largos meses y días para que sucediera al aún presidente Carlos Salinas de Gortari, cuñado del ejecutado.

Un hombre armado con una *submetralleta* lo esperaba al abordar su automóvil, luego de una reunión con el grupo de diputados de su partido que habían resultado electos, de quienes en principio se asumía como líder de la mayoría en la Cámara de Diputados, por lo que convocaba a los miembros de su fracción partidista a un desayuno en el auditorio de un hotel vecino al edificio del sector popular del partido al que pertenecía; al salir, junto a esa sede, frente al Monumento a la Revolución, le disparó el sicario.

Todos voltearon a ver al "hermano incómodo" (bautizado así por la revista *Proceso*) Raúl, del todavía en funciones presidente de México, Carlos Salinas de Gortari, y a la exesposa del ejecutado, Adriana[30].

Los disparos salieron de un hombre puesto ahí por alguien que quedó disperso en la comedia que se organiza siempre después de un magnicidio. El homicida ejecutor purga ahora una condena al ser capturado *in fraganti* por un policía bancario de la zona. El sicario simplemente admitió culpabilidad y sentencia. Aún purga en algún penal del país su condena por homicidio.

Luego de estacionarme en alguna colonia que me acercara al subterráneo para acudir a mi oficina en el edificio Juárez de la estación del metro del mismo nombre, atónito por la noticia y todavía en shock, encontré al abrir las puertas del convoy a mi amigo entrañable y de profesión, Manuel. Le solté la nota:

—¡Acaban de matar a Ruiz Massieu!

—¿Cómo?, ¿dónde?, preguntó.

—Afuera de CNOP.

---

[30] Madre, a su vez, de la senadora por el PRI, a partir de 2018; por el mismo partido que una vez llevaría a su tío a la máxima magistratura de México, Claudia Ruiz Massieu Salinas de Gortari. Por extraño que parezca, estas familias de la oligarquía política mexicana conservan los dos apellidos de la familia como si fueran descendientes marcados por dinastías. Así, los hijos conservan los dos apellidos de ciertas "estirpes", por ejemplo: Ruiz Massieu, los dos apellidos del padre y Salinas de Gortari, los dos apellidos de la madre. Por alguna razón, los ciudadanos ordinarios, por ley, no están autorizados a construir así los nombres de sus descendientes.

Él me comenta:

—Voy para allá, exactamente. ¡Ahí trabajo! ¡Acompáñame!, estoy en el Sector Popular.

—No puedo, repuse. ¡Ya voy retrasado!, le respondí.

Nos despedimos. Llegué a mi destino, como de costumbre, tarde. Quedamos en llamarnos por teléfono, para conversar. En cuanto pude, acudí a verle algunos meses después. Él ya era secretario de Prensa del líder del sector, un senador, como él, de San Luís Potosí. Fue una gran experiencia cuando me invitó a ser su subsecretario. Acepté a reserva de no dejar mi empleo que terminaba por turno a las 3 p.m.

Así que, desde las 4 p.m., y hasta que fuese necesario, compartí momentos que permitieron ver la transición del modelo de Ernesto Zedillo, quien en su momento negó, de forma velada, al partido que lo postuló a la presidencia sin haber sido militante confeso de esas siglas, al marcar una "sana distancia" de esa organización para no ser parcial, había argumentado y, luego de que llegó como resultado del asesinato del candidato Colosio, de quien era su jefe de campaña.

Para la sucesión de Zedillo, el presidente deseaba desde 1996, que el partido postulara a Ángel Gurría Treviño, su secretario de Hacienda. Motejado como el "Ángel de la dependencia", dada su cultura y formación académica, totalmente norteamericanizadas, así como en el ejercicio y entrega en sus negociaciones de Estado con el vecino país norteamericano, dentro del propio partido en el gobierno le criticaban destacados miembros de las aún sobrevivientes corrientes revolucionarias de herencia del 1917 dentro del PRI, su cercanía al imperio. Se sabía que, en casa, su familia se desenvolvía en inglés, y el viejo columnista de política Francisco Cárdenas Cruz, lo definía miembro del grupo de los que "hablan y piensan en inglés".

Fue así que, dentro del propio partido, y en rebeldía hacía Zedillo, tal vez desde los fondos de resabios del *salinismo*, se acordó colocar candados estatutarios, de modo que, no siendo miembro con algún cargo partidista en ejercicio, o haberlo sido; además de haber ejercido algún cargo de elección popular, eran requisitos que no cumplía el pretendido delfín. Estos requisitos quedaron instituidos mediante la Asamblea Nacional del partido en el año de 1996, encabezada por Santiago Oñate Laborde.

En esa operación participamos desde el área de medios, además de otras misiones, en cómo regresarle el nombre de CNOP a un sector popular que lo abarcaba todo, y nada, y que había sido usado por el exlíder Luís Donaldo Colosio, como experimento para cambiar nombre al desprestigiado partido, que había llevado al poder a su jefe Carlos Salinas, y sustituirlo por otro con diferente identidad, el cual se especuló sería "de la Solidaridad". Ese sector del partido, mediante su lideresa, entonces, Silvia Hernández, había aceptado el mudar la idea de la CNOP a un membrete llamado Ciudadanos en Movimiento (UNE).

No enumeraré más, dado que uno de los objetos de este relato es enfocarse en la transición desde otro "modelo" de juventud, tal vez derivado de la generación conocida como *baby boommers*, y que también se le identificó como la generación "X", que arribaba también a las filas de éste y otros partidos políticos.

Ambiciosos, inescrupulosos, hábiles en usos de tecnología, oportunistas y pragmáticos, que fueron alojándose en una administración pública que, tras el triunfo de su avance, entronizó a una derecha joven, adherida a los propósitos conservadores de desprivatizar y reducir el tamaño del Estado, a veces, con métodos poco éticos y acompañados con frecuencia del uso patrimonialista de la infraestructura y recursos de la administración pública.

En una de esas "Ordenes de trabajo" para asistir de "avanzada" a un evento, al cual había sido invitado el senador, líder del sector, Carlos Jiménez, por cierta agrupación de profesionales que deseaban adherirse al movimiento popular del PRI, vuelto a llamar CNOP, luego de un sinnúmero de asambleas desde distritales, municipales y estatales, quienes por todo el país pidieron devolver la original orientación, objetivo que también logramos reinstaurar, por así convenir a los líderes del partido.

Habían invitado al líder a conocer un moderno *cluster* o nodo de negocios que despegaba en el corazón de la colonia Del Valle. Mi jefe y amigo me encomendó ir de avanzada a ver quién más llegaba. ¿De qué se trataba?

Era una antigua casona en esa colonia, estilo porfiriano de la Ciudad de México, donde se inauguraba una especie de centro de cómputo de alguna Subsecretaría del ramo económico, que agrupaba a sus miembros en una federación de profesionales técnicos que, en plena área de trabajo, manifestaban su adhesión a ese sector.

Como una oferta...

En 1996, tal vez ya estaba instalado internet en algunas zonas, aunque no había, como años después, *smartphones* en tantas manos.

Había jóvenes tras sus equipos en terminales de lo que asemeja hoy a un moderno *Call Center*. Atento a ello, me acerqué para saber de qué trataba el evento. Conscientes quizá de mi acercamiento próximo y que les escuchaba, alardeó uno de ellos, muy joven.

—Si supieran que lo que tengo que hacer es ofertar una planta petroquímica de "La Cangrejera"... Ja, ja, ja.

—Y yo... Una planta de acetileno en Ciudad Madero... Ja, ja, ja... Repuso su vecino.

En ese momento me percaté de que esos nuevos miembros de la administración pública, que aspiraban a integrarse a un partido emanado de la Revolución Mexicana, tenían muy escasos conocimientos de lo que era la empresa petrolera nacional, y que alguien los había contratado para, efectivamente, ofrecer en partes esa industria, que comenzaba a desmantelarse para entonces, apoyados en modificaciones constitucionales aprobadas en las cámaras del Legislativo con aplastante mayoría del PRI, ofrecerlos en venta a particulares mexicanos y extranjeros.

Sus conocimientos se limitaban a comercializar y ofertar por Internet, aquello que el Estado quería desincorporar y privatizar. Ellos, los ejecutores, eran simples tecnócratas, imbuidos en un poder efímero como vendedores de lo que es de todos los mexicanos, no pude percatarme entonces, pero sí se supo con oportunidad, que fue a precios de remate. Era tal su cinismo y forzado protagonismo por mostrar lo que hacían, que caí en la cuenta de que toda una nueva generación de mexicanos había pasado ante nuestras narices, y ya estaban empoderados en las decisiones que darán otro rostro a nuestro país: inconscientes, mercantiles, fríos, e individualistas, como los demandaba el nuevo país que perfilaba el gobierno de entonces. Como pude me comuniqué a la oficina de mi superior, para informarle el registro de la avanzada logística.

—¿De qué se trata?, me preguntó.

A grandes rasgos le describí lo que me había percatado y contestó:

—Ya retírate, no vale la pena que vaya el senador, déjame le aviso, gracias.

Durante muchas décadas, el propio partido en el poder había creado instituciones y empresas gubernamentales en sectores estratégicos de la economía nacional para lograr equilibrios en el mercado.

Las nuevas reglas de los economistas en el poder, egresados de instituciones norteamericanas de educación, dictaban que el Estado estaba muy obeso y había que desincorporar las empresas no estratégicas, que sólo generaban pérdidas, incluido PEMEX, tal vez.

Todo había comenzado con la aprobación entre el PRI y el PAN de la participación de la iniciativa privada en la industria petroquímica, desvinculada así de PEMEX, como un primer movimiento para privatizar la petrolera estatal. Al día siguiente, con la compañía de mi jefe y amigo, ya de camino a casa, concluida la labor diaria, le comenté:

—¿Qué te pareció ayer? Jóvenes con el mínimo escrúpulo y sin aprecio por lo que se ha construido, los ponen a rematar PEMEX...

—¿Y qué? Repuso.

—El petróleo y sus recursos son para venderse. No son tuyos ni míos. ¿Qué tiene?

Fue mejor desviar la conversación. Ciertamente, estaba al interior de una maquinaria partidista construida para adaptarse a las condiciones de sus diversas generaciones de políticos, en este caso, tecnócratas educados en Estados Unidos. Una generación que ganó con la Revolución Mexicana, la administraron y se la repartieron entre familiares, y una especie de realeza-nobleza de apellidos y posiciones que con el tiempo ha construido una oligarquía de poder político y económico, muy apegado a las doctrinas del imperio del norte, a la vez administradoras de ese estilo de dependencia económica, territorial con el vecino imperialista, que al fin había logrado establecer una ínsula neocolonialista fuera de sus fronteras, para dar resguardo a los que no son dignos de su territorio, la mitad del arrebatado a México.

Las nuevas generaciones de mexicanos al mando hacían el destino de la integración al bloque económico ideológico del capitalismo mundial; colonia con frontera, para dar resguardo a los que son originales de aquí, pero con la visión compartida del modelo económico. Sin México, ¿dónde estarían los mexicanos de aquí y de allá?

Consumada la "travesura", el comité encabezado por Santiago Oñate Laborde era relevado por Humberto Roque Villanueva, nuevo presidente del CEN del PRI y, por lo tanto, del superior de mi jefe, secretario nacional, el senador potosino, Carlos Jiménez Macías, que se retiraba del Sector Popular para dar paso a Elba Esther Gordillo Morales.

12

DE GIRA, DE GORRA

Tóquenle las golondrinas

Un día fui a dar a una gira presidencial por Nayarit, con todo pagado, acompañado de generales del Estado Mayor Aéreo Presidencial, siendo un simple chofer en horario nocturno, empleado de mantenimiento del metro.

Prácticamente "de colado" estuve, en medio de un casino, con edecanes que asemejaban conejitas de *Playboy*, mesas de ruleta, póquer y todo lo necesario en Bahía de Banderas, Nayarit, situado en Nuevo Vallarta, dentro de un complejo hotelero de categoría gran turismo, en esa bahía que divide los estados de Jalisco y Nayarit con un hermoso estero natural de aguas tranquilas y cálidas.

Era la despedida que el gobernador del estado hacia al presidente en turno, Miguel de la Madrid Hurtado, quien, por cierto, pasó de largo hacia una de las cabañas del Centro Vacacional de Nuevo Vallarta, *all inclusive*, después de una gira de trabajo, y ya no regresó al *pachangón* que quedó con un mariachi de casi 20 músicos engalanados con vestimenta blanca palomo y botonadura dorada de hermosa estampa, después de tocar el *Camino real de*

Colima, en su honor, por ser la tierra de donde era nato el mandatario. A unos meses de abandonar el cargo, habiendo cedido ya la rienda del mando a uno de sus elegidos, que en ese entonces le inspiraba gran confianza, Carlos Salinas de Gortari.

Había habido de todo en la contienda electoral, por supuesto, pero con todas las mañas hasta la del apagón del sistema, impusieron a quien él creyó, respondía al momento del país, que atravesaba por circunstancias inmanejables de la economía, como cada relevo presidencial sexenal desde 1976, que desde entonces, ha arrojado millones de damnificados por devaluaciones sistémicas desde el siglo pasado, y de las cuales no son ajenos los saqueadores, esa especie política oligárquica, que no hace sino pasarse el poder entre familias y conocidos.

Fue así que, apagados los motines que reclamaban fraude electoral, el presidente protegido por todo su aparato de seguridad y cercanos, emprendió su gira de retiro. Días antes, conversaba con amigos en un plácido lugar, rodeado de los más cercanos, entre ellos, algunos pilotos de secretarías de Estado que eran convocados a las giras de este tipo, con el único afán de llevar enseres menores como ropa, palos de golf o perros que detectan explosivos y como no caben en los helicópteros *Superpuma*, que llevan cantidad de "gorrones", pues se los cargan a los helicópteros de segunda categoría, y que me dicen:

—¿Por qué no vas?

Y como estaba de vacaciones me fui con ellos. Desde la llegada fue espectacular, ni siquiera traía corte de pelo; así que en la foto del gafete que dan como marca de collar, y como uno que desconoce ciertos protocolos, aparecí despeinado. Ni siquiera traía la ropa apropiada para ese tipo de gala al llegar, pero sí en la maleta. A la hora que sonó el corrido de bienvenida al jefe de Estado, *Camino Real de Colima*, estado de donde provenía Miguel de la Madrid, el mariachi tocó la melodía y, en cuanto el mandatario tomó camino a su casa de descanso, como en la canción de José Alfredo Jiménez, *Ella*, los mariachis callaron. Sentado a unos metros con mis amigos pilotos que regresaron de la gira y rodeado de decenas de turistas estadounidenses y canadienses que esperaban más del mariachi, desairado y sin instrucción a seguir, se me ocurrió gritarles:

—¡*El zopilote mojado*!

Y que me contesta el maestro jefe de los músicos:

—¡Sí, patrón!

Y que se arranca y una tras otra pedí: *Pelea de gallos* y *El son de la negra*, por supuesto, un mariachi de lujo complaciéndome y los turistas felices, hasta que apareció una especie de *showman* que les cantó canciones de Frank Sinatra y las que conocen los turistas angloparlantes. De pronto, pidió complacencias y a gritos con los pilotos en grupo reclamamos:

—¡Échate una de *Juanga*!

—Sí, gritamos y, al iniciar la frase "Probablemente yaaa...", el *showman* de manera desafiante, me atrajo al micrófono y en pleno festejo la cantamos juntos.

Pasada esa euforia que fue casi una bacanal de turistas, militares, empleados del gobierno y cerca de las mesas de juego, observaba. Algunos turistas extranjeros, señalaban, me sonreían:

—Ah! The Mexican singer… Congratulations!

Sólo que después de la euforia, recordaba que, al llegar a este espectacular complejo hotelero, para obtener un gafete que otorgaba el servicio *all inclusive*, me habían pedido la tarjeta de crédito y firmas en blanco sobre *vouchers* por los gastos totales de la estancia. Mi anfitrión me había ofrecido:

—Sí, déjalo, luego lo veo…

No creo que la línea de crédito hubiera alcanzado para cubrir los gastos de ese lugar para mí, así que pregunté a mis amigos,

—¿Qué se hace en esos casos?

El piloto que me había convidado de la gira me dijo:

—Ven, ¿me acompañas?

Nos sentamos un momento en la mesa del general del Estado Mayor Aéreo que coordinaba la gira, donde, luego de platicar un rato, el señor pidió le diera mi nombre a uno de sus asistentes. Al salir, la entrega de "mi" factura decía: "Con cargo al gobierno del estado".

Muchos se preguntan y aseguran desproporciones y abusos de esta gente de poder. A muchos consta que eran así o peor. Por eso, creo que algún destino me puso en esos lugares y tenía que contarlo. Así son, luego te dicen…

—¡Ah! Tú también, bien que te divertiste y ya eres parte de eso.

Mis maestros de periodismo me enseñaron que un informador sólo penetra para observar y relatar, no para hacer amigos, pero sí, involuntariamente, muchas veces, enemigos. Hay que contarlo.

Porque un periodista es curioso, y luego se ve en la necesidad de contar lo real. Que se sepa lo que él ve y escucha, y aunque no a todos les debiera interesar o pudiesen percibirlo, aun así, afecta.

Y me involucré en ello, tal vez por interés, esa curiosidad de saber cómo son de cerca los hombres de poder. Las vías fueron casuales, pero como si me llevaran a ello, en una época que no olvido y quiero traer de regreso para quienes algún día se interesan por ingresar en este fascinante mundo: el periodismo político, la "fuente" de "información general". Esa.

FIN

www.ingramcontent.com/pod-product-compliance
Lightning Source LLC
Chambersburg PA
CBHW071223290326
41931CB00037B/1863